KB265354

신라 점찰법회와 신라인의 업·윤회 인식

신라 점찰법회와 신라인의 업·윤회 인식

| 지은이 | **박 미 선**

연세대학교 사학과 졸업, 동 대학원 문학석사 및 박사.
주요 논저로『마주보는 한국사교실 2』,『교양세계사강의』(공저),『세계사 뛰어넘기 1』(공저),「신라 백지묵서화
엄경의 사경 발원자와 사경장소」(2011),「고등학교「한국사」교과서의 古代 '佛敎史' 서술 검토」(2011),
「慈藏定律조로 본 慈藏의 생애와 '定律'의 의미」(2012) 등이 있다.

신라 점찰법회와 신라인의 업·윤회 인식

박 미 선 지음

2013년 10월 25일   초판 1쇄 발행

펴낸이 · 오일주
펴낸곳 · 도서출판 혜안
등록번호 · 제22-471호
등록일자 · 1993년 7월 30일

주소 · ⑦ 121-836 서울시 마포구 서교동 326-26번지 102호
전화 · 3141-3711~2 / 팩시밀리 · 3141-3710

E-Mail hyeanpub@hanmail.net
ISBN   978-89-8494-477-0   93220

값 22,000 원

본서는 재단법인 한국연구원의 학술지원사업의 일환으로 발간된 한국연구총서 83집임

신라 점찰법회와 신라인의 업·윤회 인식

박 미 선 지음

혜안

책머리에

어린 시절 삼국의 건국신화들을 무척 재미있게 읽었던 기억이 있는데, 그때부터 고대사를 좋아했던 것 같다. 사학과에 입학한 후에도 고대사에 대한 관심은 지속되었으나 고대사 강의가 많지 않았다. 그래서 졸업논문만이라도 고대사로 써보고자 했다. 그때 고대사를 공부하려면 佛敎를 알아야 한다는 교수님의 말씀을 듣고, 신라의 불교 수용을 주제로 학부 졸업논문을 쓰면서 신라불교에 관심을 가지기 시작했다.

대학원에 진학한 후, 운이 좋게도 첫 학기에『三國遺事』義解편 강독 수업이 개설되어 그 첫 장인「圓光西學」조를 발표하게 되었다. 원광의 전기에 대해『殊異傳』과『續高僧傳』의 내용이 너무 달라 두 자료를 비교·분석하는 것만으로도 큰 공부가 되었다. 이것이 밑거름이 되어 석사학위논문「新羅 圓光法師의 如來藏思想과 敎化活動」을 쓸 수 있었다.

이후 박사과정에서 원광이 신라에 처음 소개한 '占察法會'로 관심을 확대시켰다. 점찰법회는 새끼손가락 크기의 木輪을 만들어 이를 던져 차례로 자신의 과거 業과 그 업의 强弱·大小를 관찰하고 마지막으로 果報를 살펴보는 의식이었다. 이 법회는 현존하는 기록상 삼국 중 신라에서만 실시된 법회로, 7세기 이후부터 신라 말까지 왕경과 여러 지역에서 실시되었다. 뿐만 아니라 이 법회의 명칭 또한 시기에 따라 占察寶, 占察禮懺, 果證法會 등 달랐기 때문에, 이를 통해 신라불교의 변화상과 특징을 살필 수 있다고 보았다.

7세기 원광은 과거의 업을 살펴보는 점찰법을 실시하였으며, 그 업을 없애고 선한 공덕을 쌓기 위한 방편으로 '보시'를 강조하고자 '占察寶'를 두었다. 통일기에 접어들어 아미타신앙 등이 유행하면서 참회가 강조되었고, 점찰법 또한 占察禮懺이 독자적으로 신라 오대산신앙 속에 포함되었다. 특히 오대산 南臺 地藏房에서 점찰예참과 지장경 독송이 이루어짐으로써 지장신앙과 점찰법회와의 관계를 보여주었다. 무엇보다 신라의 점찰법회는 8세기 중엽 眞表에 의해 신라화하였다. 『점찰경』에서는 과보차별상을 살피기 위해 6개의 목륜을 3번 던지는데 그때 나올 수 있는 경우의 수가 189가지라고 하였다. 이와 달리 진표는 189가지의 간자를 이용하며, 지장신앙뿐 아니라 미륵신앙과도 결합된 독자적인 점찰법을 실시하였다. 진표의 점찰법회는 형식을 단순화함

으로써 제자 永深, 心地 등에 의해 속리산, 팔공산 등지로 확대
실시될 수 있었다. 이처럼 시기에 따라 점찰법의 방식이 변화하였
으며, 그 변화에 따라 점찰법의 실시 목적 또한 과거 업의 관찰에
서 과보차별상으로 옮겨지고 있었다. 이러한 신라 점찰법회의
추이를 살핀 것이 박사학위논문 『新羅 占察法會 研究』였다.

그러나 학위논문에서는 점찰법회의 변화상에 중심을 두었기
때문에 사상사연구로서 부족함이 없지 않았다. 점찰법회는 三世
의 業과 果報차별상을 살펴보는 것이 목적이므로, 이 법회에 참가
한 사람들은 업·과보·윤회 등의 불교적 교리와 세계관을 가지고
있었을 것이다. 즉 7세기 원광이 실시한 점찰보는 과거 업의
관찰로, 불교를 받아들이기 시작한 신라 사람들에게 업과 윤회를
설명하여 불교적 세계관을 이해시키는 좋은 방편이 되었을 것이
다. 반면 8세기 중엽 이후 진표와 그 제자들에 의해 실시된 점찰법
회는 果證법회로, 신라 사람들의 과보에 대한 관심은 곧 미래를
지향하면서 보다 나은 미래를 위해 현재에 더 충실할 수 있는
원동력이 되었을 것이다. 불교의 업·윤회사상에서는 행위를 강조
하는데, 이러한 과보에 대한 관심 증대는 신라 사람들의 업·윤회

인식이 심화되었음을 보여준다. 이렇게 신라 사람들의 업·윤회에 대한 인식과 점찰법회의 관련성에 주목하여 학위논문을 수정·보완하여 이 한 권의 책을 만들게 되었다.

여전히 만족스럽지 못한 부분이 있으나 강을 건너온 뒤에는 나룻배를 내려놓아야 하듯이, 이 한 권의 책을 나룻배로 삼아 내려놓고, 앞에 놓인 새 길로 발걸음을 옮기고자 한다.

강을 건너 여기까지 올 수 있었던 것은 많은 분들의 도움 덕분이었다. 고대사 연구의 방법과 방향을 지도해 주신 하일식 선생님, 큰 시야를 가지고 연구해야 함을 일깨워 주신 故 방기중 선생님, 사상사 연구에 대해 조언을 해 주신 도현철 선생님, 그리고 불교사에 대한 자료의 소개와 방향을 가르쳐 주신 故 김상현 선생님과 김영미 선생님, 늘 물심양면으로 격려해 주시는 이희덕 선생님께 진심으로 감사의 말씀을 올린다. 또한 학문적 자극과 배려를 베풀어주신 김도형 선생님, 박영철 선생님, 최윤오 선생님께도 감사드린다.

나아가 나룻배의 집착에서 벗어나 새로운 길로 갈 수 있는 기회를 제공해 주신 재단법인 한국연구원과 낡은 배를 멋진 나룻배로 만들어주신 도서출판혜안에도 감사의 마음을 전한다.

막내딸이 가는 길을 묵묵히 지켜봐 주신 아버지와 자식을 위해 오늘도 새벽 예불을 드리고 계실 어머니에게 이 책을 바친다. 항상 곁에서 응원과 충고를 아끼지 않는 남편과 사랑하는 아들 형기에게도 고마움을 전하고 싶다.

2013. 9.

박 미 선

목 차

제1장 머리말

오늘날 불교는 종교이기 이전에 우리의 전통사상과 문화의 일부분을 차지하고 있다. 그런 점에서 삼국시대 불교, 특히 신라불교는 외래종교였던 불교가 이 땅에 발을 디딘 첫걸음으로, 불교가 어떻게 우리의 전통사상과 문화로 자리를 잡아 가게 되었는지를 보여주는 지표가 된다.

신라불교는 일반적으로 中古期에 수용·공인되어, 中代에 화엄종, 법상종 등 불교교학과 사상이 분화·심화되었으며, 이 敎宗에 대한 반성의 일환으로 下代에는 禪宗이 유행한 것으로 이해되고 있다. 그리고 이러한 이해 속에는 불교가 公認 시부터 왕권강화의 이데올로기로 작용하였으며, 특히 화엄종은 中代 전제왕권을 강화하는 논리였고,[1] 이와 반대로 하대 선종은 지방에서 흥기하던 호족 세력을 지지·옹호하는 사상적 기반을 제공했다는,[2] 신라불

---

1) 李基白, 1986, 「新羅時代의 佛敎와 國家」『歷史學報』11 ; 李基白, 1986, 『新羅思想史硏究』, 一潮閣 ; 金杜珍, 1995, 『義湘』, 민음사.

2) 崔柄憲, 1972, 「新羅 下代 禪宗九山派의 成立」『한국사연구』7 ; 金杜珍, 1973, 「朗慧와 그의 禪思想」『歷史學報』57.

14

교의 정치적 역할을 강조하는 시각이 바탕에 깔려 있다.

이러한 시각에 대한 반대 의견도 제기되었다. 가장 크게는 중대 왕권과 화엄종의 관계로, 오히려 中代 왕권은 유교[3] 혹은 瑜伽唯識系와 더 긴밀한 관련이[4] 있다거나, 義湘의 화엄사상은 정치이데올로기가 아닌 평등성에 의거하여 오히려 지방민과 하층민을 중시했다는 견해 등이[5] 그것이다. 나아가 선종의 연구에서도 기존의 호족과의 관계에서 벗어나 중앙왕실과 禪師의 관계에 주목하기도 하였다.[6]

한편 아미타신앙을 비롯하여 미륵·관음·지장 등 여러 신앙에 대한 연구도 활발히 진행되었다. 귀족에서부터 일반민에 이르기까지, 개인적으로 또는 結社와 같은 집단적으로 이루어진 신앙 활동을 통해 불교의 대중화를 고찰하였다.[7] 물론 신앙의 유행도 왕권의 안정을 위한 사상적 뒷받침으로 이해되기도 하지만, 이러한 신앙에 관한 연구는 불교의 정치적 역할보다 사회적 역할에

---

3) 金相鉉, 1984, 「新羅 中代 專制王權과 華嚴宗」 『東方學志』 44.

4) 김복순, 1992, 「신라 유가계 불교—8·9세기를 중심으로」 『한국고대사연구』 6.

5) 남동신, 1996, 「의상 화엄사상의 역사적 이해」 『역사와 현실』 20.

6) 조범환, 2001, 『신라선종연구』, 일조각 ; 정동락, 2010, 『신라하대 선승들의 현실인식과 대응』, 영남대 박사학위논문.

7) 鄭炳三, 1982, 「統一新羅 觀音信仰」 『韓國史論』 8, 서울대학교 국사학과 ; 金杜珍, 1987, 「新羅 中古時代의 彌勒信仰」 『韓國學論叢』 9, 국민대 ; 金惠婉, 1988, 「新羅 中代의 彌勒信仰」 『溪村閔丙河教授停年紀念 史學論叢』 ; 金煐泰, 1990, 『三國時代 佛敎信仰 硏究』, 불광출판사 ; 金惠婉, 1992, 「新羅 下代의 彌勒信仰」 『성대사림』 8 ; 金英美, 1994, 『新羅佛敎思想史硏究』, 民族社 ; 장지훈, 1997, 『한국고대미륵신앙연구』, 집문당.

초점을 두었다는 데 그 의의가 있다.[8]

이렇듯 크게 보면 신라불교 연구의 시각은 '불교의 역할'을 어떻게 볼 것인가에 따라 나뉜다. 정치이데올로기로 볼 것인가, 중생구제나 보다 나은 死後 등과 같은 종교의 사회적 역할에 주목할 것인가. 주지하다시피 삼국은 중국불교를 받아들였다. 3武 1宗의 法難에서[9] 보듯이 중국에서 불교는 국가권력에서 자유로울 수 없었다. 뿐만 아니라 삼국 불교의 수용 주체 또한 王이었기 때문에, 승려나 불교교단은 왕권이나 국가권력과 떨어져 존재하기 어려웠다. 그러나 신라통일기에 접어들면서 元曉의 활동이나 아미타신앙을 비롯한 다양한 신앙의 유행에서 보듯이 왕과 귀족뿐 아니라 일반백성과 노비까지 불교를 신봉하였다. 이데올로기를 넘어 신앙으로 불교가 신라사회에 스며들었던 것이다. 그렇다면 신라인들은 불교의 어떤 점에 끌렸을까? 그들에게 불교는 어떤 의미였을까?

무엇보다 종교를 믿는 이유는 알 수 없는 사후에 대한 불안, 그 불안에서 벗어나고자 하는 마음일 것이다. 일찍이 고대인들은 영혼불멸사상을 가지고 있었고, 영혼은 사후세계에서도 현세와

---

8) 신라불교의 연구 동향은 鄭炳三, 1992, 「統一期 新羅 佛敎界의 동향」『擇窩許善道선생정년기념 한국사학논총』, 아세아문화사 ; 정병삼, 2005, 「8세기 신라의 불교사상과 문화」『新羅文化』25 ; 金福順, 2006, 「신라 불교의 연구현황과 과제 − 중대와 하대를 중심으로 − 」『新羅文化』26 등을 참조

9) 北魏 太武帝(424~452)에 의한 446년 폐불, 北周 武帝(560~578)에 의한 574년 불교교단 정리, 唐 武宗(841~846)에 의한 폐불, 後周 世宗(954~959)에 의한 폐불.

16

같은 삶을 누린다는 계세적 세계관을 믿었다.[10] 때문에 거대한 고분을 만들어, 그 속에 많은 부장품을 넣고 심지어 殉葬도 행했다. 이후 순장이 사라지고, 무덤은 작아지고 심지어 火葬을 하기도 하였다. 이러한 변화는 사후세계에 대한 이해와 인식이 달라졌음을 의미하며, 그 변화의 원인은 바로 '불교'였다. 불교는 영혼은 不滅하지만, 죽은 후 來世에서는 현세와 다른 삶을 살 수 있다는 '輪廻'적 세계관을 내세웠다.[11] 나아가 그러한 '윤회'를 결정하는 것은 다름 아닌 자신, 즉 자신의 행위인 '業'임을 역설하였다. 이로써 신라인들은 보다 나은 세계로의 환생을 바라거나 윤회에서 벗어나기를 갈망하였고, 이것은 위로는 왕에서부터 아래로 일반백성, 노비에 이르기까지 모든 신라인이 염원하는 바였다.

이 업·윤회사상이야말로 신라인들이 불교를 신봉한 핵심으로, 업·윤회사상과 관련된 많은 설화들이 전하고 있는 사실을 통해서도 충분히 짐작할 수 있다. 불교교리·사상이 발전할수록 신라인들의 불교 이해가 깊어지고, 이는 곧 업과 윤회에 대한 인식의 심화로 이어졌을 것이다. 이러한 신라인들의 업과 윤회사상에 대한 인식의 변화상을 잘 보여주는 것이 바로 '占察法會'이다.

점찰법회는 『占察善惡業報經』(이하 『占察經』)을 소의경전으로, 이 經에 기록되어 있는 바와 같이 손가락 크기의 木輪을 만들어

---

10) 邊太燮, 1958·59, 「韓國 古代의 繼世思想과 祖上崇拜信仰」 『歷史敎育』 3·4.

11) 불교 수용 이전에도 윤회적 삶을 믿었다고 한다(나희라, 2003, 「고대 한국의 생사관 - 영혼관을 중심으로 - 」 『역사와 현실』 47, 100~101쪽).

던져서 자신의 '前世 善·惡의 業'과 '三世의 果報'를 살펴보는 의식이다. 현존하는 기록에 의하면 이 법회는 삼국 중 오직 신라에서만 실시되었으며, 더욱이 중고기부터 신라 말까지, 나아가 고려시대까지 지속적으로 시행되었다.[12] 오랜 기간 동안 점찰법회가 실시되었다는 것은 이 법회의 목적인 업과 과보의 관찰이 신라인에게 크게 어필하고 있었다는 것이고, 점찰법회는 시기에 따라 그 성격이 달랐을 것이다. 그러므로 점찰법회의 변화 속에서 신라인들의 업·윤회사상에 대한 이해와 심화 과정을 찾아볼 수 있을 것이라 생각한다.

기존 연구에서 점찰법회를 전면적으로 다룬 연구 성과는 그리 많지 않다. 신라 점찰법회에 관한 자료가 대체로 眞表와 관련한 기록에 많아, 점찰법회에 대한 연구도 진표에 집중되어 있는 편이었다. 이와 더불어 신라에 점찰법회를 처음 전한 圓光에 대해서도 비교적 연구가 이루어졌다.

일찍이 원광이 실시한 점찰법회의 성격에 대해 巫覡신앙과의 관련성을 주목하였으며,[13] 占卜이라는 방법이 民에게 쉽게 받아

---

12) 남동신은 『삼국유사』에만 점찰법회 관련 기록이 보이는 이유를 '고려시대 불교의 반영', 즉 고려시대 불교도의 점찰신앙에 대한 관심이 높았음을 반영한 것이라 하였다(2007, 「『삼국유사』의 사서로서의 특성」, 『일연과 삼국유사』, 신서원, 106~111쪽). 한편 이처럼 당대의 관심이 '반영'되었다면 신라 점찰법회에 관한 기록을 더 많이, 더 자세히 수록하였을 것이므로, 오히려 『삼국유사』에 실린 신라 점찰법회 관련 기록들이 더 가치가 있다고 생각한다.

13) 李基白, 1986, 앞의 논문 ; 高翊晋, 1997, 「新羅密敎의 思想內容과 展開樣相」

들여질 수 있어 이들에게 業說·輪廻說 등 불교적 세계관을 인식시켜 주었고,[14] 특히 죽은 자의 追善을 통해 죽음에 대한 두려움을 없애주었다고 보았다.[15] 또한 원광의 점찰법회를 『점찰경』에 근거한 戒律과 懺悔를 강조하는 대승교학의 실천적 방편으로 보고, 점찰법회에 의한 戒懺悔信仰을 圓光의 교학적 특징으로 꼽기도 하였으며,[16] 如來藏思想과의 관련성을 통해 대중교화에 기여한 점에 주목하기도 하였다.[17]

圓光의 경우 점찰법회가 아닌 '占察寶'를 두었다고 하는데,[18] 이 점찰보를 三階教와 관련지어 보기도 한다. 원광이 隋 長安으로 들어가 활동한 시기(589~600년)와 삼계교를 개창한 信行이 長安에서 활동한 시기가 일치하므로, 신행의 삼계교에서 사상적 영향을 받았을 것이며, 占察寶가 바로 삼계교의 無盡藏院에서 배워온 것이라 보았다.[19] 나아가 점찰법회의 소의경전인 『占察經』과 三

『韓國密教思想』, 동국대 불교문화연구원.

14) 金相鉉, 1991,「新羅 中古期 業說의 受容과 意義」『韓國古代史研究』 4.

15) 박광연, 2002,「원광(圓光)의 점찰법회(占察法會) 시행과 그 의미」『역사와 현실』 43.

16) 金杜珍, 2004,「圓光의 戒懺悔信仰과 그 意味」『新羅史學報』 2.

17) 鄭柄朝, 1981,「圓光의 菩薩戒思想」『한국고대문화와 인접문화와의 관계』, 한국정신문화연구원 ; 辛鍾遠, 1992,「圓光과 眞平王代의 占察法會」『新羅初期佛教史研究』, 民族社 ; 崔鉛植, 1995,「圓光의 生涯와 思想—『三國遺事』「圓光傳」의 분석을 중심으로」『泰東古典研究』 12 ; 朴美先, 1998,「新羅圓光法師의 如來藏思想과 教化活動」『韓國思想史學』 11.

18) 『三國遺事』 卷4 義解5 圓光西學, "故光於所住嘉栖岬 置占察寶".

19) 閔泳珪, 1993,「新羅 佛教의 定立과 三階教」『東方學志』 77·78·79.

階敎가 공히 如來藏思想에 기반하고 있음을 들어 점찰법회와 삼계교의 관계를 강조하였다.[20)

한편 진표는 그 제자들과 함께 점찰법회를 신라사회에 뿌리내리게 했는데, 그의 점찰법회에 관한 연구는 크게 두 가지로 나누어 볼 수 있다. 하나는 眞表의 점찰법을 '懺悔敎法'으로 보는 견해로, 진표가 戒法을 중심으로 한 占察懺悔의 敎法을 새롭게 확립했으며,[21) 懺悔受戒의 敎法으로 三聚淨戒를 홍포시킨 大乘戒律의 行化者였다고 평가하였다.[22) 다른 하나는 진표를 法相宗의 승려로 보고, 점찰법회를 법상종의 신앙으로 보는 것이다. 진표의 점찰법을 법상종과 관련시켜 보는 견해는 일찍이 진표를 법상종의 宗祖로 보는 시각에서 시작되었는데, 진표가 親見하고 簡子를 받은 彌勒보살은 법상종의 宗祖로 여겨지므로, 占察法과 法相宗이 모두 彌勒에서 연원했다는 공통점이 있다는 것이다.[23) 다만 진표는 지장보살도 친견하므로 그의 미륵신앙은 懺悔와 占察法에 결부된 지장신앙과 결합된 것이라 한다.[24) 또한 진표는 景德王代 太賢으로 대표되는 종파적 법상종과는 달리 實修的 법상종이며,[25) 그의

---

20) 朴美先, 2005, 「圓光의 占察法會와 三階敎」『韓國思想史學』 24.

21) 金煐泰, 1972, 「新羅 占察法會와 眞表의 敎法研究」『佛敎學報』 9 ; 金煐泰, 1975, 「占察法會와 眞表의 敎法思想」『韓國佛敎思想史』/ 1987, 『新羅佛敎研究』, 民族文化社 재수록.

22) 蔡印幻, 1986, 「新羅 眞表律師 研究(Ⅰ)」『佛敎學報』 23 ; 蔡印幻, 1987, 「新羅 眞表律師 研究(Ⅱ)」『佛敎學報』 24 ; 蔡印幻, 1988, 「新羅 眞表律師 研究(Ⅲ)」『佛敎學報』 25.

23) 金映遂, 1937, 「五敎兩宗에 對하야」『震壇學報』 8, 92쪽.

24) 金南允, 1995, 「新羅 法相宗 研究」, 서울대 박사학위논문.

亡身懺悔 수행은 唯識學派의 요가라는 실천수행적 전통에서 나온 것이라고 보기도 한다.[26)]

나아가 진표의 미륵신앙을 불교적 메시아신앙으로 연결시켜 보는 견해도 있다. 진표가 百濟人(백제지역 출신인)으로, 그가 활동한 不思義房이나 금산사, 溟州 등은 각각 백제·고구려의 故土로 이들 遺民에게 이상세계로서 彌勒에 귀의케 하였으며, 이러한 이상세계로 나아가기 위한 방편으로 점찰법에 의한 懺悔와 戒律을 강조했다고 보고 있다. 더욱이 진표의 미륵신앙이 이후 이들 지역에서 등장하는 甄萱·弓裔·王建에게 연결되었다고 한다.[27)] 최근 연구에서는 眞表가 『占察經』을 念佛三昧와 自誓受戒를 중심으로 이해하여 수행방법으로 念佛三昧를 제시해 彌勒 淨土往生을 희망했다고 보았다.[28)]

한편 법상종과 미륵신앙을 관련시켜 보는 견해에 대해 문제

---

25) 文明大, 1974, 「新羅 法相宗(瑜伽宗)의 成立問題와 그 美術(下)－甘山寺 彌勒菩薩像 및 阿彌陀佛像과 그 銘文을 中心으로－」『歷史學報』63, 155~156쪽.

26) 趙龍憲, 1994, 「眞表律師 彌勒思想의 특징」『韓國思想史學 6－彌勒思想의 本質과 展開』, 서문문화사, 121~122쪽.

27) 李基白, 1986, 「眞表의 彌勒信仰」『新羅思想史研究』, 一潮閣 ; 尹汝聖, 1989, 「新羅 眞表의 佛敎信仰과 金山寺」『全北史學』11·12 ; 金惠婉, 1992, 「新羅 下代의 彌勒信仰」『成大史林』8. 진표의 미륵신앙은 하생신앙과 상생신앙이 공유하고 있었다고 한다. 특히 金惠婉은 "진표 자신은 철저한 계행과 참회로 미륵상생신앙을 추구하며 민중들에게는 점찰법을 기반으로 하는 계행과 참회를 통한 이상세계의 실현을 강조하는 미륵하생신앙의 요소가 강했다"고 보았다.

28) 박광연, 2006, 「眞表의 占察法會와 密敎 수용」『韓國思想史學』26.

제기가 이루어지기도 하였다. 진표의 점찰법에 彌勒菩薩이 등장한다고 해서 그를 法相宗으로 볼 수 없으며, 미륵은 眞表의 修行과 受戒를 증명하는 證明법사[29] 혹은 占察懺悔를 수행하는 사람들을 구제해 줄 보살[30]로 볼 수 있다는 것이다. 오히려 진표의 점찰법회와 地藏信仰의 관계에 주목하며, 그 地藏信仰의 사상적 배경으로 중국의 三階敎, 특히 神昉의 영향을 언급하였다. 眞表의 스승인 崇濟가 入唐하여 종남산에서 善導에게 수학했는데, 당시 終南山에 三階敎師들이 활동하고 있었으므로 崇濟가 神昉을 직접 만날 수 없었다고 하더라도 그의 영향을 받았을 것이며, 숭제가 귀국 후 『占察經』과 禮懺法을 제자인 진표에 전해주어 神昉－崇濟－眞表로 이어지는 地藏禮懺敎法의 계보가 형성되었다는 것이다.[31]

이처럼 대체로 점찰법회는 원광과 진표의 사상과 행적을 다루는 과정에서 언급되어 왔다. 그러나 점찰법회를 이들의 중심 교학이자 활동으로 본 경우, 공통적으로 점찰법회를 '참회계법'으로 규정하고 삼계교와의 관계를 강조하기도 하였다. 또한 점찰법회가 '戒'와 '懺悔'를 중시하는 실천적 성격을 띠고 있었고, 여러 지방에서 실시되었으며, 지장신앙 혹은 미륵신앙 등과 관련되어 있어 大衆敎化의 역할도 했을 것이라는 점을 공통적으로 언급하고 있다.

---

29) 金煐泰, 1975, 「占察法會와 眞表의 敎法思想」 『韓國佛敎思想史』/ 1987, 『新羅佛敎硏究』, 民族文化社, 400쪽 재수록.

30) 蔡印幻, 1986, 앞의 논문, 54~56쪽.

31) 蔡印幻, 1983, 「神昉과 新羅 地藏禮懺敎法」 『韓國佛敎學』 8.

그러나 이러한 공통점뿐 아니라 中古期를 대표하는 圓光의 점찰법회와 中·下代를 대표하는 眞表系 점찰법회의 차이점도 분명히 있을 것이다. 150년이라는 물리적 시간의 차이는 그만큼 불교에 대한 이해 정도에도 차이를 낳았을 것이므로, 원광과 진표의 점찰법회가 동일한 내용과 성격을 띠고 있었다고 할 수는 없다. 더욱이 점찰법회는 시기에 따라 占察寶, 占察禮懺, 六輪會 등 다양한 명칭으로 표현되어 있기 때문에 이 법회의 성격이 시기에 따라 달랐음을 짐작할 수 있다. 그러므로 점찰법회의 변화상을 살펴봄으로써 신라인들의 업과 윤회에 대한 이해의 깊이, 변화도 고찰할 수 있을 것이다.

점찰법회는 『점찰경』을 소의경전으로, 이 경전에 점찰법을 실시하는 방법과 순서가 자세히 서술되어 있다. 그러므로 우선 신라의 점찰법회가 이 경의 내용처럼 점찰법을 실시했는지 살펴볼 필요가 있다. 기존 연구에서는 점찰방법이나 점찰법회의 儀式·儀禮에 대한 연구가 깊이 있게 다루어지지 않았다. 물론 신라 점찰법회의 儀式에 대한 구체적 서술을 찾을 수 없는 자료적 한계 때문이기도 하겠지만, 『占察經』에 보이는 점찰법과 禮拜·懺悔 절차 등을 실제 신라에서 시행된 점찰법회의 모습과 비교하여 그 同異를 살펴보는 것은 신라 점찰법회의 특징을 고찰하는 방법이 될 것이다.

좀 후대이긴 하지만 明代 승려 智旭(1599~1655)이 찬한 『占察善惡業報經行記』에 점찰법회의 儀式이 비교적 자세히 서술되어 있어 참고가 된다.32) 뿐만 아니라 중국에서『占察經』이 찬술될 무렵에 懺悔法이 유행하고 있었는데, 참회법을 보다 체계적으로 정리한 것이 智顗의『法華三昧懺儀』이며, 이후의 참회 의식이나 관련 저술 등에 많이 인용되었다. 이러한 자료들과『占察經』의 내용을 비교하여 점찰법회의 모습을 살펴보고, 이를 바탕으로 신라에서 시행된 점찰법회의 儀式과 그 참회의 내용을 검토하여 그 변화상을 고찰해 보고자 한다.

또한 기존 연구에서 신라 점찰법회의 특징으로 '懺悔'와 '戒'를 강조하였는데, 이런 견해를 적극 받아들일 때 신라 오대산신앙에 보이는 '禮懺'이 주목된다. 특히 五臺 중 南臺 地藏房에서 占察禮懺을 실시했다고 하는데,33) 이는 점찰법 중에서 '참회' 부분이 더욱 강조된 형태로, 점찰법에 변화가 일어나고 있었음을 짐작케 한다. 그러므로 오대산신앙이 형성된 시기와 이러한 禮懺이 자리 잡게 되는 과정, 禮懺儀式 등을 통해 점찰법회의 변화 원인과 그 성격을 살펴보고자 한다. 이는 기존 연구가 圓光과 眞表의 점찰법회에 집중되었던 한계를 극복하고, 두 시기에 실시된 점찰법회의 공통점과 차이점을 계기적으로 설명하는 실마리를 줄 것이라 기대한다.

또한『占察經』은 그 說主가 地藏菩薩로,『십륜경』『지장보살본원경』과 함께 지장3부경의 하나로 꼽힌다. 신라 오대산 南臺 地藏房에서 점찰예참을 실시했으며, 진표는 지장보살로부터 戒를 받

---

32) 田島德音, 1932,「占察善惡業報經 解題」『國譯一切經 — 經集部 15』, 316쪽.

33)『三國遺事』卷3 塔像4 臺山五萬眞身.

았다고 한다.[34] 기존 연구에서도 언급한 바와 같이 원광의 점찰보는 수나라 신행의 삼계교 영향을 받았을 것이라 했는데, 삼계교 또한 『십륜경』을 주요 경전으로 삼고 있었다.[35] 그러므로 점찰법회는 지장신앙과 연계될 수밖에 없다. 나아가 진표는 미륵보살에게 점찰법 시행에 필요한 간자를 받았다고 하므로,[36] 점찰법회는 미륵신앙과도 밀접한 관련이 있었음을 알 수 있다.

이러한 지장·미륵신앙은 점찰법회의 대중화에 기여하여 이 법회가 중고기부터 하대까지 지속적으로 여러 지역에서 광범위하게 실시될 수 있는 원동력이 되었을 것이다. 그러므로 점찰법회가 이들 지장신앙이나 미륵신앙과 연결될 수 있었던 이유를 찾아보고, 당시 대중화에 크게 기여하며 유행하던 아미타신앙과의 차이점을 고찰해 보고자 한다. 이로써 신라인들은 왜 점찰법회를 통해 지장신앙이나 미륵신앙을 추구했는지, 반대로 이 신앙을 통해 그들은 점찰법회에서 무엇을 얻고자 했는지 살펴볼 수 있을 것이다.

점찰법회가 宿世의 業과 三世의 果報를 살펴보는 것이므로, 점찰법회와 연계된 지장신앙과 미륵신앙의 유행도 당연히 업·과보,

---

34) 『三國遺事』 卷4 義解5 眞表傳簡 ; 『三國遺事』 卷4 義解5 關東楓岳鉢淵藪石記.

35) 矢野慶輝, 1925, 『三階敎之硏究』, 岩波書店 ; 西本照眞, 1998, 『三階敎の硏究』, 春秋社.

36) 『三國遺事』 卷4 義解5 眞表傳簡 ; 『三國遺事』 卷4 義解5 關東楓岳鉢淵藪石記 ; 『宋高僧傳』 권14 唐百濟國金山寺眞表傳. 단, 각 기록마다 진표가 받은 간자의 수가 다르다.

윤회와 연관되어 있을 것이다. 점찰법회의 변화와 더불어 이러한 신앙의 유행을 통해 신라인의 업·윤회에 대한 인식의 변화를 추적하고자 한다. 신라인의 업·윤회사상의 변화는 불교가 신라사회에 사회사상적으로 어떤 영향을 주었는지, 그래서 불교가 어떻게 신라사회에 뿌리내리게 되는지를 보여줄 것이며, 나아가 불교가 전통사상과 문화로서 오늘날까지 우리 사회에 주요 위치를 차지하고 있는 원동력을 찾아볼 수 있을 것으로 기대한다.

제2장 中古期 점찰법의 수용과
신라인의 '業' 인식

1. 嘉栖岬의 占察寶

신라사회에 점찰법을 소개한 이는 圓光이었다. 중국유학에서 돌아온 원광은 자신이 머물고 있던 嘉栖岬에 占察寶를 두었다.

1-① 評議하니, 原宗이 佛法을 일으킨 이래 津梁(나룻배와 대들보)은 비로소 두어졌으나 아직 堂奧(건물 속)가 이루어지지 못했다. 그러므로 戒에 귀의하여 죄를 멸하고 懺悔하는 법으로 愚迷한 사람을 깨닫게 해야 했다. 고로 圓光은 머물고 있는 嘉栖岬에 占察寶를 두고 恒規로 삼았다. 이때 檀越尼가 占察寶에 田을 施納했는데, 지금 東平郡의 田 百結이 이것으로 옛날 문서가 아직도 남아 있다.[1]

1-② 이때 圓光法師가 隋에서 유학하고 돌아와서 加悉寺에 있었는

---

1) 『三國遺事』卷4 義解5 圓光西學, "議曰 原宗興法已來 津梁始置 而未遑堂奧 故宜以歸戒滅懺之法 開曉愚迷 故光於所住嘉栖岬 置占察寶 以爲恒規 時有 檀越尼 納田於占察寶 今東平郡之田一百結是也 古籍猶存".

데, 당시 사람들이 높이 예우하였다. 貴山 등이 문하에 이르러 옷자락을 걷고 나아가 말하기를, "세속 선비는 미련하여 아는 것이 없습니다. 원컨대 한 말씀을 주셔서 종신토록 지킬 교훈을 삼도록 하여 주십시오." 라고 하였다.[2]

1-③ (진평왕 24년) 가을 8월에 백제가 阿莫城을 공격해 왔으므로 왕이 장수와 士卒로 하여금 맞서 싸우게 하여 크게 쳐부수었으나 貴山과 箒項이 전사하였다.[3]

가서갑은 오늘날 경북 청도 지역에 위치한 운문사에서 동쪽으로 9천보 떨어진 가서현에 있었던 절이다.[4] 원광은 언제부터 가서갑에 머물고 있었던 것일까? 그는 600년(진평왕 22)에 조빙사를 따라 귀국하였다.[5] 『속고승전』에 따르면 신라왕의 청으로 귀국하였으며, 왕이 그를 성인처럼 받들었다고 한다.[6] 이 기록대로라면 원광은 귀국 후 왕경에 있는 흥륜사나 황룡사 등의 사찰에 머물렀을 것이다. 그런데 1-②의 기록을 보면, 귀산과 추항 두

---

2) 『三國史記』卷45 列傳5 貴山, "時圓光法師入隋遊學 還居加悉寺 爲時人所尊 禮 貴山等詣門 摳衣進告曰 俗士顓蒙 無所知識 願賜一言 以爲終身之誡".

3) 『三國史記』卷4 新羅本紀4 眞平王 24년, "秋八月 百濟來攻阿莫城 王使將士 逆戰 大敗之 貴山箒項死之".

4) 『三國遺事』卷4 義解5 圓光西學, "時聞圓光法師入隋回 寓止嘉瑟岬 (或作加 西 又嘉栖 皆方言也 岬俗云古尸 故或云古尸寺 猶言岬寺也 今雲門寺東九千 步許 有加西峴 或云嘉瑟峴 峴之北洞有寺基是也)".

5) 『三國史記』卷4 新羅本紀4 眞平王 22年, "高僧圓光 隨朝聘使奈麻諸文大舍橫 川還".

6) 『續高僧傳』卷13 唐新羅國皇隆寺釋圓光傳五(圓安) ;『大正新修大藏經』卷 50, p.524a, "本國遠聞 上啓頻請 有敕厚加勞問 放歸桑梓 光往還累紀 老幼相 欣 新羅王金氏 面申虔敬 仰若聖人".

청년은 원광이 가실사, 즉 가서갑에 있다는 말을 듣고 그를 찾아와 終身之誡를 여쭈었다. 이들이 가실사를 방문한 때가 언제인지 알 수 없지만, 사료 1-③을 보면 이들이 602년(진평왕 24)에 백제와의 아막성 전투에 참가하였다가 전사했다고 한다. 그러므로 이 두 청년과 원광의 만남은 600년에서 602년 사이에 이루어졌음을 알 수 있다.

그렇다면 원광은 귀국 직후 왕경에 머물다가 602년 무렵에 이곳 가서갑으로 거처를 옮겼던 것일까? 그가 가서갑을 거처로 삼은 이유는 무엇일까? 기존 연구에 의하면, 이곳 가서갑은 신라가 가야로 진출하는 주요 루트의 중간지점이었고, 진평왕대에 백제와의 전쟁이 임박해지면서 청도의 5갑사의 중요성이 부각되면서 이에 5갑사를 맡길 인물로 원광이 지목되어, 그가 이 지역에 머무르게 되었을 것으로 보기도 한다.[7]

가령 眞平王이 圓光에게 군사적 요충지로 5갑사의 운영을 맡겼다면, 원광에게 그 임무에 걸맞는 대우가 이루어졌을 것이다. 원광보다 2년 후인 602년에 귀국한 智明은 왕이 그의 戒行을 존경하여 '大德'으로 삼았다[8]고 한다. 그러나 『續高僧傳』 기록에 의하면 왕의 요청에 의해 귀국했다는 圓光에게는 이러한 존칭이 보이지 않는다. 또한 『三國史記』에 실린 원광 관련 기사는 貴山과 箒項에게 世俗五戒를 가르쳐 준 일화 외에 600년 朝聘使와 함께

---

7) 박광연, 2002, 앞의 논문, 125~127쪽.

8) 『三國史記』 卷4 新羅本紀4 眞平王 24년, "九月 高僧智明隨入朝使上軍還 王尊敬明公戒行爲大德".

귀국, 608년의 乞師表 작성, 613년 隋나라 사신을 위해 황룡사 百高座會에서 강설을 담당한 기록뿐이다.9) 이처럼 圓光이 王京에서 활동한 모습은 귀국 후 8년이 지난 시점에 보이기 시작하여 그의 말년에 집중되어 있다. 그러므로 그가 귀국 직후부터 왕경의 황룡사에 머물고 있었다고 보기는 어렵다.

『속고승전』에서 원광의 귀국이 왕의 요청에 의해 이루어지고, 귀국하자마자 왕의 환영을 받았다는 것은 이후 원광의 행적에 비추어 각색된 내용이라 생각된다. 왜냐하면 원광의 제자 圓安도 수나라 수도 장안에 들어가 유학했으며, 그가 원광에 대해 서술하기도 했다고 하는데,10) 『속고승전』의 내용은 이러한 원안의 기록에 의존한 바가 있었을 것이기 때문이다.

더욱이 귀산과 추항이 가서갑의 원광을 방문한 것은 계획에 의한 것이 아니었다. 이들은 아막성 전투에 참가하게 되었는데, 아막성은 현재 전북 남원시 운봉면에 위치한 산성으로, 경주에서 남원 운봉으로 이어지는 교통로로는 경주ー청도ー창녕ー합천 ー거창ー함양 팔량치ー남원이 거론된다.11) 그러므로 귀산과 추

---

9) 『三國史記』 卷4 新羅本紀4 진평왕 33年, "王患高句麗屢侵封場 欲請隋兵以 征高句麗 命圓光修乞師表 光曰 求自存而滅他 非沙門之行也 貧道在大王之 土地 食大王之水草 敢不惟命是從 乃述以聞"; 『三國史記』 卷4 新羅本紀4 眞平王 35年, "秋七月 隋使王世儀至皇龍寺 設百高座 邀圓光等法師 說經".

10) 『續高僧傳』 卷13 唐新羅國皇隆寺釋圓光傳五(圓安) ; 『大正新修大藏經』 卷 50, p.524a, "有弟子圓安 … 初住京寺 以道素有聞 特進蕭瑀 奏請住於藍田所 造津梁寺 四事供給無替六時矣 安嘗敍光云 …"/『三國遺事』 卷4 義解5 圓光 西學.

11) 서영일, 1999, 『신라 육상 교통로 연구』, 학연문화사.

항은 아막성 전투에 참가하기 위해 청도 지역을 지나가게 되었고, 마침 이곳에 머물고 있던 원광의 소식을 듣고 그를 찾아왔던 것이다.

위 사료 1-②의 '隋에서 유학하고 돌아와서 加悉寺에 있었다'는 표현에서 알 수 있듯이, 원광은 600년에 귀국한 후 가서갑에 계속 머물고 있었다. 그러면 원광은 왜 가서갑에 머물고 있었을까?

진평왕이 원광에게 乞師表의 작성을 요청하자 그 請에 기꺼이 임하는 모습을 볼 때,12) 원광이 귀국 시부터 嘉栖岬에 머물길 바란 것은 아니며 오히려 왕경에 머무르길 바랐던 것이 아닐까 한다. 그의 귀국 직후 활동이 가서갑 지역에서 이루어졌다는 것은 그의 귀국이 그다지 환영받지 못해 왕경에 들어가지 못한 사정을 말해주는 것이라 생각된다. 환영받지 못한 이유로 圓光의 신분을 언급하기도 하지만,13) 그에 덧붙여 그가 중국에서 배워온 새로운 불교사상을 왕경의 기존 불교계가 수용하지 못했기 때문일 것이다.

신라 최초의 사찰인 흥륜사가 544년(진흥왕 5) 2월에 완공되자, 다음 달 3월에 진흥왕은 사람들을 출가시켜 승려가 되는 것을

---

12) 『三國史記』 卷4 新羅本紀4 진평왕 33年 ; 본서 30쪽 주9) 참조.

13) 『속고승전』에서는 박씨, 『수이전』에는 설씨로 나오는데, 박씨라고 해도 왕실인 김씨의 구성원이 아닌 그와 다른 신분이나 입장을 나타내는 것일 가능성이 있고, 『수이전』에서 설씨라 한 것도 왕실이나 고위 귀족으로 인식되지 않았음을 보여주는 것이라 한다(崔鉛植, 1995, 앞의 논문, 27~28쪽).

허락하였다.[14) 그리고 549년(진흥왕 10) 봄에 梁나라에서 사신과 함께 승려 覺德을 파견하여 舍利를 보내오자, 왕이 흥륜사 앞에서 이를 맞이하였다.[15) 이후 565년(진흥왕 26)에는 진나라 사신 劉思가 승려 明觀과 함께 佛經 1,700여 권을 가져 왔다.[16) 이러한 일련의 내용을 볼 때 신라불교는 법흥왕의 불교 공인 후 진흥왕대에 사찰·사리·승려·불경 등 외향적 모습을 갖추어 가고 있었다. 더욱이 경전이나 불사리를 가져온 승려를 왕이 직접 맞이하는 모습에서 당시에는 量的인 문물의 수용이 중심이었음을 확인할 수 있다.

그런데 원광의 경우 사리나 경전이 아닌 새로운 불교 '사상'을 가지고 돌아왔다. 一然이 원광에 대해 "진나라와 수나라 시대 해동의 사람이 바다를 건너 도를 물은 자가 드물었고 설사 있더라도 크게 떨치지 못했으나 원광 이후에 이르러서는 뒤를 이어 서쪽으로 공부하러 가는 자가 끊이지 않았다."라고 논평한 바와 같이,[17) 원광 이전에 경전들이 유입되고 있었다하나 아직 질적인 측면에서 교리적 발전은 미흡한 단계였다. 진평왕이 비슷한 시기에 귀국한 圓光과 智明 중 지명을 大德으로 삼고 우대했던 것도,

---

14)『三國史記』卷4 新羅本紀4 眞興王 5년, "春二月 興輪寺成 三月 許人出家 爲僧尼 奉佛".

15)『三國史記』卷4 新羅本紀4 眞興王 10年(549), "春 梁遣使與入學僧覺德 送佛 舍利 王使百官 奉迎興輪寺前路".

16)『三國史記』卷4 新羅本紀4 眞興王 26년(565) ;『三國遺事』卷3 塔像4 前後所 藏舍利, "陳遣使劉思與僧明觀來聘 送釋氏經論千七百餘卷".

17)『三國遺事』卷4 義解5 圓光西學, "陳隋之世 海東人鮮有航海問道者 設有 猶未大振 及光之後 繼踵西學者 憧憧焉 光乃啓途矣".

지명의 '戒律'이 이제 막 모습을 갖추기 시작한 신라불교계에 절실히 필요했기 때문이다. 진·수나라에서 유학하고 돌아왔다는 점에서 원광의 귀국 자체는 환영을 받았을지 모르지만, 그의 빈손을 보는 순간 왕이나 신라조정에서 그에 대한 관심을 거두었을 것으로 생각된다. 때문에 원광은 왕경에 머무르기 어려웠을 것이고, 1-①의 단월니의 존재를 볼 때 이러한 단월의 도움을 받아 원광이 가서갑에 거주할 수 있었던 것이 아닐까 한다. 한편 또다른 원광의 전기를 전하는 『殊異傳』에 三岐山神이 원광에게 중국 유학을 권하였으며, 유학을 마치고 돌아온 원광이 그 신을 찾아가 戒를 주었다는 기록이 있다.[18] 이 산신의 존재도 위의 단월니와 같이 원광을 후원하던 세력이지 않았을까.

앞서 언급한 것처럼, 원광은 608년(진평왕 30)에 왕의 명으로 걸사표를 작성하였고, 이후 왕경에서 활동하였다. 이로 보아 그는 608년 이전에 가서갑에서 왕경으로 거처를 옮겼을 것으로 생각된다. 그 계기는 귀산과 추항의 戰死가 아니었을까. 원광으로부터 가르침을 받고 그 계를 실천하며 전사한 두 젊은이의 이야기는 신라사회에 널리 퍼졌을 것이고, 그것이 왕에게도 전해져 왕을 비롯한 신라조정에서 원광에게 관심을 가지게 되었을 것이다.

한편 1-①은 『三國遺事』의 「圓光西學」조에서 『三國史記』에 실린 내용을 인용하면서 貴山·箒項과의 일화, 원광의 백고좌회 참석

---

18) 『三國遺事』 卷4 義解5 圓光西學, "神詳誘歸中國所行之計 法師依其言 歸中國 留十一年 博通三藏兼學儒術 眞平王二十二年庚申 師將理策東還 乃隨中國朝 聘使還國 法師欲謝神 至前住三岐山".

기사에 이어서 언급하고 있는 내용이다. 이에 이 기록에 보이는 '議曰'의 주체를 황룡사 백고좌회에 참석했던 승려들로 보아 613년(진평왕 35) 이후에 원광이 가서갑에 점찰보를 두었다고 보기도 한다.[19] 그러나 『삼국유사』의 「원광서학」조를 보면, 일연은 원광에 대한 기록을 채록하면서 가장 중심이 되는 『속고승전』과 『수이전』의 내용이 너무 달라서 결국 두 기록을 거의 그대로 옮겨 수록하였고, 이어서 『삼국사기』에 전하는 몇 가지의 일화를 요약하여 기록하였다. 이러한 자료 배열의 순서로 볼 때 '議曰' 이하의 기록이 황룡사의 백고좌회와 연결되는 내용이라면 이 내용 또한 『三國史記』에도 있어야 할 것이다. 그러나 점찰보 관련 내용은 『三國史記』에 전하지 않는다. 일연은 『삼국사기』의 기록을 담을 경우, 그대로 싣거나 축약하며 그와 다른 견해를 피력하기도 하지만, 새로운 내용을 추가하지는 않았다. 만약 일연이 다른 자료를 참고하여 덧붙인 것이라면 그 전거를 밝혔을 것이다. 그렇지 않은 것으로 보아 '議曰' 이하의 내용은 一然의 논평으로, 점찰법회에 대한 그의 평가로 보는 것이 타당하다고 생각한다.[20]

앞서 살펴본 바와 같이 원광이 귀산과 추항을 만난 것이 600~602년 사이이며, 위 사료 1-①에서 원광의 점찰법을 '戒에 귀의하여 죄를 멸하고 懺悔하는 법'이었다고 하였다. 귀산과 추항

---

19) 박광연, 2002, 앞의 논문.

20) 『삼국유사』에 유독 점찰법 또는 점찰법회에 관한 기록이 많은 것은 고려시대 점찰법회 또는 점찰신앙에 관심과 유행이 투영된 것이라는 견해(남동신, 2007, 앞의 논문, 106~111쪽)를 참고해 볼 때, '議曰'의 주체로 일연을 상정해 볼 수 있겠다.

이 원광을 찾아와 종신지계를 청한 것도 원광이 계와 참회를 강조하고 있다는 소식을 전해 들었기 때문일 것이다. 그렇다면 원광의 점찰보는 600~602년 사이에 두 청년과의 만남 이전에 이미 설치되어 있었으며, 귀국한 후 단월니의 도움으로 가서갑에 머물게 되면서 시행하였다고 볼 수 있겠다.

귀국한 후 가서갑에 거처를 두게 된 원광은, 이곳에서 지역민을 대상으로 불교의 교리를 설법하는 것이 그다지 효과적이지 못하다고 판단했을 것이다. 이때 그는 중국 유학시절 중국의 여러 지방에서 유행하던 塔懺法, 즉 점찰법을 떠올렸을 것이다. 또한 이 점찰법은 그가 유학기간 동안 익힌 '여래장사상'과도 교리적으로 통하는 실천방편이었기 때문에, 가서갑 지역의 民을 대상으로 한 교화방법으로 점찰보를 두었던 것이다.

2. 圓光의 如來藏思想과 『占察經』

원광이 그의 사상인 여래장사상을 실천하는 방편으로 점찰법을 실시했다면, 여래장사상을 원광의 주요사상으로 볼 수 있는 근거는 무엇일까. 그의 여래장사상과 점찰법은 어떻게 연결되는지 이 절에서 살펴보고자 한다.

현재 圓光의 傳記를 전하는 기록으로는 『古本殊異傳』과 『續高僧傳』이 있다. 앞서 언급한 것처럼 이 두 기록은 많은 부분에서 상반되는 내용을 전하고 있다. 入陳시기, 유학 목적을 비롯하여 귀국과정과 그 후의 활동모습도 상당히 다르게 묘사되어 있다.

36

때문에 일연은 「원광서학」조에 두 기록을 거의 그대로 실어 두었던 것이다. 『殊異傳』의 경우 원광의 유학 前 국내에서의 수도생활을 자세히 기술한 반면,『續高僧傳』에는 중국 유학기간의 행적이 자세히 소개되어 있다. 따라서 圓光의 불교사상은『續高僧傳』을 중심으로 그의 유학시절의 행적을 따라 살펴볼 수 있겠다.

『三國史記』에서는 원광이 589년(진평왕 11)에 陳으로 留學했다고 한다.[21] 그러나 『續高僧傳』에 의하면 이 해에 원광은 陳이 아닌 隋의 長安으로 발걸음을 옮기고 있었다.[22] 뿐만 아니라 이 해는 陳이 멸망한 해이며, 원광은 이미 禎明 元年(587)에 廻向寺에서『成實論』을 강의하고 있었다고 하므로[23] 그의 유학 시기는 587년보다 훨씬 이전으로 소급된다. 대체로 570년대 후반 경에 入陳한 것으로 보고 있다.[24]

원광이 유학했을 당시 陳에서는 東晉이후 발달한 불교교학의 연구가 한창이었다. 이때 원광은 陳에서 僧旻의 제자가 행하는 강의를 듣고 出家하였다고 하는데,[25] 僧旻(467~527)은 成實學의 大家로 불리는 인물이므로, 원광도 당연히『成實論』을 배웠을

---

21) 『三國史記』 卷4 新羅本紀4 眞平王 11年, "春三月 圓光法師入陳".

22) 『續高僧傳』 卷13 唐新羅國皇隆寺釋圓光傳五(圓安) ;『大正新修大藏經』 卷 50, p.523c, "光學通吳越 便欲觀化周秦 開皇九年 來遊帝宇"/『三國遺事』 卷4 義解5 圓光西學.

23) 『續高僧傳』 卷22 ;『大正新修大藏經』 卷50, p.619c, "(慧旻) 十五聽法廻向寺 新羅光法師成論"/ 辛鍾遠, 1992, 앞의 논문, 214쪽에서 재인용.

24) 원광의 생애에 대한 기존 연구자들의 견해를 정리하면 아래와 같다(朴美先, 1998, 앞의 논문, 21쪽 주)6).

것이다. 이후 원광은 호구산에서 수행하면서 그곳에서 일생을 마치고자 했으나 信士의 請으로 산에서 나와 『成實論』과 『般若經』을 강설하였다.[26] 앞서 언급한 바 원광이 회향사에서 『성실론』을 강의했다는 것도 이 무렵이라고 생각된다. 남조에서는 般若學 또한 크게 유행하고 있었으므로, 원광은 陳에서 『성실론』을 중심으로 남조의 불교 사상을 배웠음을 알 수 있다.

이후 589년 陳이 隋나라에 의해 멸망되자, 원광은 隋의 수도인 長安으로 옮겨갔다. 당시 隋나라 황실은 강남의 고승들을 중앙으로 초치하여 불교교학의 발전을 도모하고 있었는데, 이때 『攝大乘論』이 국가적 중요 교학에 포함되어 강의되고 있었다. 즉 曇遷이

	今西龍	李基白	辛鍾遠	鎌田茂雄	崔鉛植
출생	565년	553년	542년	546년	550년 경
중국유학	589년 25세 入陳	589년 36세 入陳	眞興王 37년 (576) 入陳, 35세	571년	575년경, 25세
출가		30세 入陳 前	入陳 후		중국 유학 후
입산수도		30~36세			580~586년경 (30~36세)
귀국	진평왕 22년 (600)	600년	眞平王 22년 (600)	600년	600년, 50세경
입적	貞觀 4년(630) 66세	善德女王 6년 (637), 84세	眞平王 52년 (630) 貞觀 4년, 89세	貞觀 4년 (84세)	630~640년 사이(80~90세)

25) 『續高僧傳』卷13 唐新羅國皇隆寺釋圓光傳五(圓安) ; 『大正新修大藏經』卷 50, p.523c, "初聽莊嚴旻公弟子講 素霑世典 謂理窮神 及聞釋宗 反同腐芥 虛尋名教 實懼生涯 乃上啓陳主 請歸道法" / 『三國遺事』卷4 義解5 圓光西學.

26) 『續高僧傳』卷13 唐新羅國皇隆寺釋圓光傳五(圓安) ; 『大正新修大藏經』卷 50, p.523c, "時有信士 宅居山下 請光出講 固辭不許 苦事邀延 遂從其志 創通 成論 末講般若" / 『三國遺事』卷4 義解5 圓光西學.

38

勅命에 의해 長安의 大興善寺에서『攝大乘論』을 강의했는데, 원광도 이 강석에 참가하여 이 논서를 접했을 것이다.[27]『攝大乘論』은 563년 陳에서 眞諦가 번역하면서 본격적인 연구가 시작되었는데, 진제 역의『攝大乘論』은 唯識철학을 바탕으로 하면서 如來藏思想을 담고 있는 논서였다.

또한 원광은 長安에서 曇遷이 강의하던 강석에서 慧遠(523~592)을 만났다고 하는데,[28] 혜원은 염불삼매의 정진으로 유명하지만 그는 또한『涅槃經義記』『大乘義章』등을 저술하였다. 중국에서는『涅槃經』이 번역·유포되면서 佛性에 관한 논의가 활발하게 이루어져 중국불교의 중심사상으로 자리 잡아 갔다. 그러므로『열반경의기』등을 볼 때 慧遠 또한 '佛性' '如來藏'을 긍정하고 있었고, 원광이 慧遠을 만난 것은『涅槃經』에 대한 이해와 더불어 여래장사상에 대한 인식을 심화시키는 계기가 되었을 것이다. 지금은 전하지 않지만 원광이『如來藏經私記』3권과『大方等如來藏經疏』1권을 저술했다는[29] 사실에서도 그가 여래장사상에 주목했음을 알 수 있다.

『大方等如來藏經』은『勝鬘經』『不增不減經』과 함께 여래장삼부경으로 꼽히며, 9가지 비유를 들어 가장 간단하게 여래장을 설하고 있다. 東晉의 佛馱跋陀羅가 420년 경『여래장경』을 번역한 것을 시작으로 여래장을 설한 경전이 5세기 초에서 6세기 초에

---

27) 木村宣彰, 1987,「元曉大師と涅槃思想」『元曉研究論叢』, 825~826쪽.

28) 木村宣彰, 1987, 위의 논문, 825~826쪽.

29) 동국대학교, 1976,『韓國佛教撰述文獻目錄』, 7쪽.

걸쳐 漢譯되었다. 중국에서는 여래장보다 佛性이라는 개념을 더 널리 사용하긴 했으나, '모든 중생이 성불할 수 있다'는 주장의 근거로 성불 논의를 심화시켰다.

　한편 '如來藏思想'을 설하고 있는 경전들은 일찍부터 신라에도 전해져 있었다.

> 2. (眞興王 37年) 安弘法師가 隋에 들어가 求法하였다. 胡僧인 毘摩羅 等 2명의 僧侶와 함께 돌아와 稜伽經·勝鬘經 및 佛舍利를 바쳤다.[30]

　576년(진흥왕 37)에 安弘이 불사리와 함께 『楞伽經』과 『勝鬘經』을 신라에 가져왔다. 『勝鬘經』은 앞서 언급한 바와 같이 여래장삼부경에 속하는 경전이고, 『楞伽經』은 『大乘起信論』의 所依經典으로써 여래장과 아뢰야식을 결합시킨 대표적 경전이다. 이렇게 '여래장사상' 계통의 경전이 이미 신라에 전해져 있어, 신라불교계 또한 불성·여래장에 대한 관심을 두기 시작했다. 이에 圓光 또한 여래장사상을 자신의 중심교학으로 삼고 신라사회에 전하고자 했을 것이며, 그가 불성·여래장에 대한 기존의 관심과 이해를 심화시키는 역할을 했으리라 짐작된다.

　점찰법회의 소의경전인 『占察經』도 여래장사상을 기반으로 찬술된 경전이었다.

---

30) 『三國史記』 卷4 新羅本紀4 眞興王 37年, "安弘法師入隋求法 與胡僧毗摩羅等 二僧廻 上稜伽勝鬘經及佛舍利".

3-① 一切法은 실로 生滅하지 않는다는 것은 곧 一切境界에 차별의 相이 없으며 寂靜 一味이므로 이름하여 眞如·第一義諦·自性淸淨心이라 한다. 저 自性淸淨心은 湛然하고 圓滿하여 分別相이 없기 때문이다. 分別相이 없다는 것은 一切의 처소에 不在한 바가 없다는 것이며, 不在한 바가 없다는 것은 一切法을 의지하고 세울 수 있기 때문이다. 또한 이 마음을 如來藏이라 이름하니, 소위 無量無邊하며 不可思議하고 無漏淸淨한 功德의 業을 구족한 것이다.[31]

3-② 諸佛의 法身 또한 이와 같아 一切衆生의 다양한 果報를 용납하여 받아들이니, 一切衆生의 다양한 果報는 모두 諸佛法身에 의해서 있으며, 建立·生長하여 法身 속에 머무르고, 法身處에 포섭된다. 法身을 體로 삼았으므로 法身界를 벗어날 수 없으며, 마땅히 一切衆生의 몸 속에 諸佛의 法身 또한 毁滅할 수 없으며, 만약 煩惱가 끊어지고 무너질 때에는 法身에게로 돌아가니 法身의 本界는 증가하지도 않고 감소하지도 않으며 움직이지도 않고 변하지도 않음을 알아야 한다. … 이 같은 衆生·菩薩·佛 등은 다만 世間의 假名과 言說에 의지하기 때문에 差別이 있는 것이며, 法身의 體는 필경 平等하여 異相이 없음을 마땅히 알아야 한다.[32]

---

31) 『占察經』卷下 ; 『大正新修大藏經』卷17, p.907c, "一切法實不生滅者 則無一切境界差別之相 寂靜一味名爲眞如第一義諦自性淸淨心 彼自性淸淨心湛然圓滿 以無分別相故 無分別相者 於一切處無所不在 無所不在者 以能依持建立一切法故 復次彼心名如來藏 所謂具足無量無邊不可思議無漏淸淨功德之業".

32) 『占察經』卷下 ; 『大正新修大藏經』卷17, pp.907c~908a, "諸佛法身亦復如是 悉能容受一切衆生種種果報 以一切衆生種種果報皆依諸佛法身而有 建立生長住法身中 爲法身處所攝 以法身爲體 無有能出法身界分者 當知一切衆生身中諸佛法身亦不可毁滅 若煩惱斷壞時還歸法身 而法身本界無增無減不動

『占察經』은 上·下 2권으로 이루어져 있는데, 上卷이 점찰법을 자세히 서술한 것에 반해 下卷에서는 대승을 구하는 자에게 필요한 '信解'를 닦는 방편을 설하면서, 그 신해의 근거로 '여래장'을 설하였다. 3-①의 밑줄 친 부분에서 보듯이 '自性淸淨心이 如來藏'으로, 無漏淸淨한 功德의 業을 갖추고 있다고 하였다. 이어서 3-②에서 일체중생의 몸속에 부처의 法身이 있으며, 그 法身은 毁滅될 수 없고, 無增無減·不動不變하다고 한다. 다만 중생의 번뇌가 끊어지면 법신으로 돌아간다고 하니, 즉 번뇌에 덮여 있는 법신을 말하고 있으므로, 여기서 말하는 '法身'은 곧 如來藏이라 할 수 있다. 따라서 중생·보살·불은 '法身의 體'라는 점에서는 평등하다고 설명한다. 중생·보살·불이 본질적으로 차이가 없다는 것은 곧 모두 부처가 될 수 있음을 말하는 것이며, 그 근거가 바로 여래장=자성청정심=법신이라는 것이다. 이처럼 『점찰경』은 여래장사상을 중심 교리로 하는 경전이라 할 수 있다.

『점찰경』의 이름이 처음 보인 것이 594년 法經 등에 의해 편찬된 『衆經目錄』이었으며, 이 목록에서는 『占察經』 2권을 "대부분 제목이 衆錄과 차이가 나며, 文理가 복잡하여 眞僞가 아직 분명하지 않아 다시 더 자세히 밝혀지기를 기다리며 잠시 疑錄에 넣어둔다"[33]라고 하였다. 이어 597년에 편찬된 『歷代三寶記』에서도 "近

不變 … 當知如是衆生菩薩佛等 但依世間假名言說故有差別 而法身之體畢
竟平等無有異相".

33) 法經 撰, 『衆經目錄』 卷2 衆經疑惑五 ; 『大正新修大藏經』 卷55, p.126b-c,
"多以題注參差衆錄 文理復雜 眞僞未分 事須更詳 且附疑錄".

42

代에 나온 듯하며, 지금 여러 藏經에 포함되어 인용, 유전하고 있다.”고 하였다.[34) 이로 보아『점찰경』의 찬술과 유포는 6세기 말에서 그리 멀지 않은 시기에 이루어진 것으로 생각되는데, 이 경과 내용이나 서술 방식 면에서 매우 유사한『대승기신론』 또한 僞經으로 대체로 550년대 찬술되었을 것으로 추정되고 있다.[35) 그렇다면『점찰경』도 550~590년대 사이, 대략 陳末隋初에 찬술된 것으로 볼 수 있겠다. 이 시기는 여래장사상과 불성에 근거한 성불 논의가 활발히 일어나던 때로, 자연히 여래장사상을 중심으로 한『점찰경』등이 찬술될 수 있었을 것이다. 나아가 6세기 말 중국 유학 중이던 원광 또한 여래장사상을 접하였으므로 자연히 이『점찰경』에도 주목했던 것이다.

한편 業이란 마음을 따라 相을 나타내고 果를 일으킨다고 한다. 그러므로 드러난 相을 잘 관찰하면 그 마음을 읽을 수 있는 것이고, 점찰법은 바로 마음을 따라 나타난 相을 관찰하는 방법인 것이다. 그 相으로 드러나는 번뇌·업은 곧 마음에 번뇌가 자리 잡고 있다 는 의미이므로, 번뇌를 제거하여 본래 마음의 청정함을 회복하면 信心이 생긴다. 3-①에서 ‘여래장은 공덕의 업을 구족한다’고 한 바, 자신의 업을 관찰하는 것이 자신 속의 여래장=心을 확인하는

---

34)『歷代三寶記』卷12 ;『大正新修大藏經』卷49, p.106c, “似近代出妄注 今諸
藏內並寫流傳”.

35) 望月信亨, 1977,『佛教經典成立史論』, 東京 : 法藏館 ; 金鎭烈 譯, 1995,
『불교경전 성립의 연구』, 불교시대사, 544쪽. 북제(550~577) 또는 북주
(557~581)초 쯤에 찬술되었으리라 추정하였다.『대승기신론』과『점찰
경』의 관계에 대해서도 일찍부터 주목해 왔다.

것이라고 말한다. 결국 업을 살피는 점찰법은 곧 여래장을 살피는 방편이 될 수 있다는 것이다. 때문에 귀국 후 가서갑에 머물게 된 원광은, 이 지역사람들을 대상으로 자신의 여래장사상을 전할 방편으로 점찰법을 실시하였던 것이다.

3. 塔懺法을 모델로 한 점찰법

원광이 가서갑에서 실시한 점찰법은 어떤 모습이었을까?『점찰경』上卷에 木輪을 이용한 점찰 방법과 순서가 상세히 서술되어 있다.

> 4. 장애와 어려운 일이 있는 이는 木輪相法을 이용하여 지난 세상의 선·악의 업과 현재의 苦樂吉凶 등을 점쳐 살펴야 할 것이다. … 목륜상을 배우려고 하는 이는 먼저 나무를 깎아 새끼손가락만큼 만들고 가운데는 네 면이 편편하게 하고 양끝으로 나가면서 비스듬히 깎아 쉽게 굴러가게 木輪을 준비한다. 輪相에는 3가지 차별이 있는데, 첫 번째는 지난 세상에 지은 善惡業의 종류와 차별을 보이는 것으로 10개의 목륜이 있고, 두 번째는 지난 세상의 쌓인 업의 오래되고 가까움과 지은 바의 强弱·大小를 살펴보고자 身·口·意의 3개 목륜이 있으며, 세 번째는 三世 내에서 받는 과보의 차별을 보이는 6개의 목륜이 있다. 숙세에 지었던 선악업의 차별을 보려면 10개의 輪을 만들어 十善을 쓰는데, 한 윤의 한 면에 하나의 善을 쓴다. 十惡도 十善에 對가 되는 한 면에만 쓴다. … 목륜상을 손에 쥐고 던져 나타나는 업을 자세히 관찰한다. 이것이 첫째 윤상을 점찰하는 법(占察初

輪相法)이다.

첫 번째 윤상은 다만 숙세에 지은 업의 선악 차별만을 알게 하므로 과거 업의 원근과 지은 바의 강약대소를 살피고자 하면 두 번째 윤상을 점쳐야 한다. 두 번째 윤상은 3개의 윤을 만들어 신·구·의를 각각 한 윤상에 대응시켜 4면에 각각 굵고 길게, 가늘고 짧게, 굵고 깊게, 가늘고 얕게 새긴다. 첫 번째 10륜을 던져 나온 악업이 身·口·意 중 어디에 해당하는가를 살핀 후 두 번째 3륜 중 해당하는 간자를 던져 그 악업의 강약·대소·원근을 살핀다. 이렇게 악업을 관찰한 후 이를 없애기 위해 懺悔를 실시한다. 참회가 제대로 이루어졌는지를 알기 위해서 참회를 행한 7일 후 새벽에 다시 두 번째 3륜을 세 번 던져 身口意 모두가 純善이면 청정을 얻게 된 것이다. 그렇지 못할 경우 2·7일, 3·7일 … 100일, 1000일이 될 때까지 참회를 수행하여 그 청정을 얻는다. 이렇게 身口意가 善相을 얻으면 戒를 받을 수 있다. 먼저 菩薩根本重戒, 즉 10戒를 받고 그 다음 三聚淨戒를 받는다. 戒를 줄 스승이나 수행자가 없는 경우 至心으로 도량에서 공경 공양하여 시방제불보살을 證師로 삼아 10계와 삼취정계를 自誓受戒한다. 이것이 두 번째 윤상을 占하는 법이다(占第二輪法).

마지막으로 三世 중 받은 과보의 차별상을 점찰하고자 하면 6개의 輪을 만들어 각각의 3면에 1·2·3, 4·5·6 … 16·17·18 등의 숫자를 차례로 기재한 후 이를 3번 던져 그 나온 수의 합을 관찰하는데, 과보차별상이 모두 189종이 있다.[36]

---

36) 『占察經』卷上은 점찰법의 순서와 내용을 상세히 기록하고 있는데, 이를 간략히 정리했다.

『점찰경』에 설명된 점찰법을 요약하면, 十方의 諸佛·法·聖賢 등을 예배·공양·稱名한 후 먼저 각각 10善惡을 새긴 10개의 輪을 던져 宿世 業의 善惡을 관찰하고, 여기서 나온 惡業이 身·口·意 중 어디에 해당하는지를 살펴서 그에 해당하는 木輪을 던져 그 악업의 강약·대소를 관찰한다. 이후 악업을 참회하고 청정함을 얻게 되면 受戒하며, 마지막으로 6개의 輪을 3번 던져 나온 수의 合을 통해 자신의 果報차별을 살펴보게 된다.

한편 圓光이 중국에 머물러 있던 隋의 開皇 무렵에 廣州(광동성) 와 靑州(산동성)에서 塔懺法과 自撲法이 유행하고 있었다.

5-① 廣州에 어떤 사람이 塔懺法을 행하여 가죽으로 2枚의 帖子를 만들어 하나에는 善字를 쓰고 다른 하나에는 惡字를 써서 사람들로 하여금 그것을 던져 善字를 얻으면 좋고, 惡字를 얻으면 좋지 않다고 하였다. 또 自撲法을 행하여 罪를 멸한다고 하여 남녀가 함께 섞여 있었다. 靑州에서도 한 거사가 똑같이 이 법을 행했다.

5-② 개황 13년(593) 어떤 사람이 광주 관사에게 고하여 말하길, '이것은 요망하다' 하니, 관사가 추문하자 그 사람이 引證하여 말하길, "탑참법은 『占察經』을 의지하고, 自撲法은 諸經 중의 태산이 무너질 듯 하는 五體投地에 의한 것이다." 하였다. 광주의 司馬인 郭誼가 長安에 와서 『占察經』의 도리를 믿지 못하도록 칙명할 것을 임금께 아뢰었다. 內史侍郎인 李元操로 하여금 곽의와 함께 寶昌寺에 가서 大德 法經 등에게 물어보게 하였다. (법경이) 대답하길, 『점찰경』은 목록에 이름이나 번역처가 없고 탑참법도 뭇 경들에 보이지 않으므로 유행시켜서는 안 된다

고 하였다. 칙명으로 '이런 것들은 유행해서는 안 된다'고 하였
다.[37]

특히 5-②에서 보듯이 593년(開皇 13)에는 탑참법과 자박법,
그리고 그 근거가 되는『점찰경』의 유행·유포를 금지하는 황제의
명이 내려졌다. 앞서 살펴본 바『占察經』의 찬술 시기가 陳末이었
던 점과 관련하여 탑참법이 廣州를 중심으로 한 중국 남부지방에
서 널리 성행했음을 짐작할 수 있다. 나아가 5-①에서 보듯이
廣州뿐만 아니라 그곳에서 멀리 떨어진 靑州에서도 塔懺法이 행해
졌다고 하므로, 隋初에는 북부지방에까지 확대되어 여러 지역에
서 행해졌을 가능성이 있다.[38]

廣州에서 靑州로 塔懺法은 어떻게 확산되었을까? 이보다 이전의
일이지만 阿育王像의 출현 양상에서 그 단서를 찾아볼 수 있다.
4세기 東晋시대에 阿育王이 만들었다는 불상(아육왕상)이 곳곳에
서 출현하여 異變을 일으킨 기록이 전해지고 있다. 이에 의하면,

---

37)『歷代三寶記』卷12 ;『大正新修大藏經』卷49, p.106c, "廣州有一乘行塔懺法
　　以皮作二枚 帖子一書善字 一書惡字 令人擲之 得善字好 得惡字不好 又行自
　　撲法 以爲滅罪 靑州亦有一居士 同行此法 開皇十三年 有人告廣州官司云
　　是其妖 官司推問 其人引證云 塔懺法依占察經 自撲法依諸經中 五體投地如
　　太山崩 廣州司馬郭誼 來京向岐州 具狀聞奏勅 不信占察經道理 令內史侍郎
　　李元操 共郭誼就寶昌寺 問諸大德沙門法經等 報云 占察經目錄無名及譯處
　　塔懺法與衆經復異 不可依行 勅云 諸如此者 不須流行".

38)『三國遺事』卷4 義解5 眞表傳簡, "按唐僧傳云 開皇十三年 廣州有僧行懺法
　　… 靑州接響"라고 하여 一然은 廣州에서 靑州에까지 영향을 끼친 것으로
　　보기도 한다. 蔡印幻, 1986,「新羅 眞表律師 硏究(Ⅰ)」『佛敎學報』23 ; 박
　　광연, 2002, 앞의 논문.

아육왕상이 발견된 지역이 廣州, 交州, 揚州 혹은 양자강 상류인 荊州지방으로 모두 물가에 접한 곳이라는 공통점이 있다. 특히 曇翼의 감응에 의해 荊州지방 江陵의 長沙寺에 모셔진 아육왕상의 경우 349년(永和 5)에 廣州 지역 商客의 배에 저절로 실려 뭍으로 가게 되었고, 여러 절의 승려들이 모셔가려 했으나 움직이지 않다가 曇翼이 모시려하자 움직였다고 한다.[39] 게다가 아육왕상을 보러 온 서역 승려들이 남쪽 蜀땅에서 왔다고 하는 것으로 보아 당시 海路가 크게 이용되고 있었음을 알 수 있다.[40] 이처럼 일찍부터 海路를 통한 교류가 있었고, 廣州와 靑州는 해상 교통로로 연결되는 지역이므로, 해로를 이용하는 사람들에 의해 塔懺法이 전파되었을 가능성은 충분하다.

'경전 목록이나 다른 경전에 보이지 않는다'라는 이유로 탑참법과 『점찰경』의 유포를 금지시켰는데, 이러한 판단을 내린 法經의 경우 謠讖·世術·陰陽吉凶·神鬼禍福 등 미신적 요소가 많은 경전을 疑經으로 여겼다.[41] 이러한 기준에 입각할 때 목륜상을 던져 '점'을 친다는 이 경전과 방법을 인정하기 어려웠을 것이다. 그러나 무엇보다 중앙으로까지 보고가 올라가 황제에 의해 금지령이

---

39) 道宣 撰, 「集神州三寶感通錄」 卷中 제7항 ; 『大正新修大藏經』 卷52, pp.415b~416b/ 金理那, 1979, 「皇龍寺의 丈六尊像과 新羅의 阿育王像系佛像」 『震檀學報』 46·47, 201쪽 재인용.

40) 金理那, 1979, 위의 논문, 201~203쪽.

41) 法經 撰, 『衆經目錄』 卷4 ; 『大正新修大藏經』 卷55, p.139a, "末申謠讖 或論 世術 後託法詞 或引陰陽吉凶 或明神鬼禍福 諸如此比 僞妄灼然 今宜祕寢以 救世患".

내렸다는 것은 '요망하다'고 여겨지는 이 탑참법이 그만큼 유행했다는 것이고, 더 확대될 기미를 보였기 때문일 것이다.

이 탑참법은 『점찰경』에 근거했다고 하나, 5-①을 보면 그 방법이 다르다. 우선 탑참법은 목륜상이 아닌 가죽을 사용하였으며, 그 개수도 10개·3개·6개가 아닌 善·惡을 쓴 단 2개의 첩자를 던지는 방식이었다. 다만 善惡을 확인한다는 점에서 탑참법은 사료 4에서 본 3가지 점찰법 중 첫 번째 10개를 사용하는 목륜상법과 유사하다.

『점찰경』에 의하면 첫 번째 10개의 목륜을 던졌을 때 나올 수 있는 경우의 수는 다음의 4가지라고 한다.

6. ① 혹은 순전히 10善을 갖추고, ②혹은 순전히 10惡을 갖추며, ③ 혹은 善惡이 서로 섞여있고, ④ 혹은 순전히 善도 갖추지 못하고 혹은 순전히 惡도 갖추지 못한다. 이와 같이 業因의 종류가 같지 않다.[42]

반면에 각각 善과 惡을 쓴 2개의 帖子를 던지는 탑참법에서, 먼저 글자를 첩자의 양면에 썼을 경우는 [善善][善惡](혹 [惡善])[惡惡]의 3가지가 나올 수 있으며, 이는 위 『점찰경』에서 말하는 ①②③에 각각 대응한다. 또 한 면에만 글자를 쓸 경우에는 [善□], [□惡], [善惡], [□□]의 4가지로 각각 위 사료의 ①②③④에

---

42) 『占察經』卷上 ;『大正新修大藏經』卷17, p.903a, "或純具十善 或純具十惡 或善惡交雜 或純善不具 或純惡不具 如是業因種類不同 … 若占輪相 其善惡業俱不現者 此人已證無漏智心專求出離 不復樂受世間果報".

대응시킬 수 있다.

　이렇게 비교해 볼 때 10개의 목륜을 사용하는 점찰법과 2개의 첩자를 이용한 탑참법은 업의 선악을 살핀다는 동일한 목적 하에 그 관찰의 결과에 대한 경우의 수도 크게 다르지 않았음을 확인할 수 있다. 점찰법은 10善과 10惡이 諸善惡의 근본이기 때문에 10개의 輪을 만든 것이며, 또 10륜을 던진 것은 숙세의 업이 身·口·意 중에 어디에 기인한 업인지를 좀더 구체적으로 살피고자 했던 것이라면, 탑참법은 이를 형식적으로 간소화했을 뿐 그 목적과 의미에는 차이가 없었다. 오히려 이렇게 간소화했기 때문에 탑참법은 민간에서 유행하였고, 여러 지방으로까지 확대·전파될 수 있었을 것이다.

　589년 圓光이 金陵에서 長安으로 이동할 때 그가 해로를 이용했는지는 알 수 없으나 남쪽에서 북쪽으로 가는 길에 경유한 어느 지역에서 이러한 탑참법이 행해지는 모습을 目睹했을 가능성이 있다. 그렇지 않다고 하더라도 593년 長安에서 『占察經』의 眞僞 여부와 塔懺法, 自撲法의 僞行 여부가 논의될 때, 이미 圓光도 長安에 머물고 있었으므로 이러한 논의과정을 지켜봤을 것이다. 특히 탑참법과 자박법이 사회적 이슈가 되는 모습을 보면서 『占察經』이나 점찰법 또는 탑참법에 관심을 가졌으리라 생각한다.

　그러나 593년 勅命으로 『占察經』과 塔懺法의 유포가 금지됨으로 인해, 600년에 귀국한 원광은 이 경전을 가지고 오지는 못했을 것이다.[43] 다만 이 경전을 읽어봤을 가능성이 있고, 직·간접적으로 塔懺法을 접했을 것이다. 귀국 후 왕경에서 떨어진 가서갑이라는 지역에서 그 지역민을 대상으로 교화활동을 펴야 했던 원광으로서는,『점찰경』에서 설한 다소 복잡한 방식보다 간단한 탑참법에 주목했을 것이고, 또한 이미 중국 민간에서 유행하는 것을 보았기에 그도 또한 탑참법과 유사한 방식으로 점찰법을 실시하지 않았을까 한다.

4. 占察寶와 三階教

다시 사료 1-①을 보자. 이 기록에서는 원광이 '占察寶'를 두었다고 한다. '寶'란 돈이나 곡식을 시주하여 본전은 남겨두고 그 이자를 취해 오래도록 이익이 되게 하는 것이다.[44] 점찰보 또한 檀越尼가 田을 시납했다고 하므로, 이 田에서 얻은 이익을 취해 점찰법이나 점찰법회를 운영하는데 충당했을 것으로 생각된다. 그렇다면 원광은 왜 '점찰보'를 두었을까? 이와 관련하여 원광의 유학시절 당시 수나라에서 유행하던 '삼계교'에 주목할 필요가 있다.

삼계교는 信行(540~594)에 의해 개창한 새로운 불교운동이라 할 수 있다. 신행은 589년 隋 文帝의 부름을 받고 長安에 들어와 僕射 高熲이 마련해준 眞寂寺(후의 化度寺) 三階院에 머물고 있었

---

43) 김영미, 2000,「불교의 수용과 신라인의 죽음관의 변화」『한국고대사연구』20, 166쪽 주)55.

44)『高麗史節要』卷1 太祖13年 12月, "寶者方言也 以錢穀施納 存本取息 利於久遠 故謂之寶".

다.[45] 원광 또한 이 해부터 長安에 있었으므로, 자연히 신행과 그의 삼계교 활동을 접하게 되었을 것이다.

> 7. 法師淨名 禪師僧邕 徒衆 300여 인이 일찍이 禪師를 善知識으로 삼고 三業을 쫓은 지 20여 년 모두 출세의 업을 품고 보리의 벗으로 맺어졌다.[46]

위 기록은 「信行塔碑」에 적힌 것으로, 이 비는 594년(開皇 14) 신행이 죽은 직후 그 제자 裴玄證이 글을 짓고 終南山에 건립한 것이다. 여기서 淨名과 僧邕 등 300여 명이 信行을 선지식으로 삼은 지 20여 년이 되었다고 하는 것으로 보아 신행의 삼계교단은 적어도 570년경에는 성립되어 있었다고 볼 수 있다.[47] 이 시기는 공교롭게도 『점찰경』의 성립시기와도 비슷하며, 『占察經』의 유포 시기와 三階敎의 활동시기가 서로 일치함을 알 수 있다.

이에 덧붙여 『占察經』과 三階敎는 지역적 기반도 공유하고 있었다. 앞 절 사료 5-①의 『歷代三寶記』에 의하면 廣州 지역 외 靑州, 즉 지금의 山東지역에서도 『점찰경』에 의거한 탑참법이 실시되었다고 하였다. 이 산동지역은 信行과도 인연이 깊은 곳이었다.

---

45) 『續高僧傳』 卷19 僧邕 ; 『大正新修大藏經』 卷50.

46) 「故大信行禪師銘塔記」, "法師淨名禪師僧邕徒衆等三百余人 夙以禪師爲善知識 三業隨逐二十余年 俱懷出世之基 共結菩提之友" / 西本照眞, 1998, 『三階敎の研究』, 春秋社 재인용.

47) 西本照眞, 1998, 위의 책.

> 8. 開皇元年(581) 그(本濟)의 나이가 18세가 되자 … 때마침 신행선
> 사가 異部를 개창하여 선배들의 학설을 포괄하여 후현을 계도
> 하였다. 본제가 소식을 듣고 혼연히 그의 제자가 되어 그의
> 經部를 이어받았다. … 신행선사가 이전에 山東에서 集錄하였
> 는데 이미 本文이 없어 本濟를 위해 口述하였다.[48]

위 사료 8에서 말하는 '山東에서의 集錄'은 信行傳에 보이는
『山東制衆事諸法』일 것이다.[49] 이에 의하면 信行이 山東에서도
활동했다는 것인데, 그가 17세에서 48세까지 선지식을 찾아다녔
으므로, 그 과정에 산동지역에도 발길이 닿았던 것이다. 그렇다면
당시 산동 지역에서 유행하고 있던 탑참법과 信行의 연관성을
상정해 볼 수 있지 않을까. 후술하겠지만 삼계교 문헌과『占察經』
이 사상적으로 통하는 것도 이러한 지리적 공통점과 무관하지
않을 것이다. 특히 산동 지역(靑州)은 西晉시대 이후 불교가 유포되
기 시작했는데, 초기에는 神異的·靈驗的 불교의 성격이 강했다고
한다. 또한 이 지역에서는 왕·관료를 비롯하여 재가신자 또는
邑儀·法儀 등 신앙결사에 의한 숭불사업이 활발히 진행되었으며,
민간신앙단체에 의해 만들어진 尊像이 어느 지역보다도 많았다
고 한다.[50] 이는 山東불교가 상당히 대중화되었음을 보여주는
것이며, 이러한 지역적 성격으로 말미암아 점찰법이나 신행의

---

48) 『續高僧傳』 卷18 本濟 ;『大正新修大藏經』 卷50.

49) 『續高僧傳』 卷16 信行 ;『大正新修大藏經』 卷50.

50) 金文經, 1984,「山東佛敎의 성격」『숭실사학』 2/ 2003,『한국불교학연구총서』
　　78, 불함문화사 재수록.

활동, 나아가 三階敎도 이 지역과 인연을 맺게 된 것이라 생각한다.

한편 중국 남북조시대에는 六時禮拜가 널리 성행하고 있었는데, 삼계교도 六時禮拜를 중시하였다. 삼계교에는 禮拜行儀文이라고 할 수 있는 『七階佛名』이 있는데, 이 책은 『決定毘尼經』에서 35佛을, 『觀藥王藥上二菩薩經』에서 53佛을 취하는 등 다양한 경전에서 佛名을 취하여 구성하고 있다. 이 책에 의거해 삼계교단에서는 六時禮拜를 함에 있어 아침과 정오에는 53佛을 중심으로 하고, 日暮와 初夜에는 35佛을 중심으로, 半夜와 後夜에는 25佛을 중심으로 한 예배를 행하였다고 한다.[51] 이처럼 당시 불교계에 널리 유행하고 있던 육시예배를 행하면서도 三階敎 나름의 방법으로 시행하고 있었다.[52]

그리고 육시예배와 53불에 대한 공경은 『점찰경』에서도 강조되고 있다.

> 9. 낮에는 방안에 있으면서 三時에 명호를 부르되, 한 마음으로 과거의 7佛과 53佛을 공경하며 예배하고, 다음은 시방 방위를 따라 낱낱이 모두 귀의하고 … 다음 밤에 만일 등촉을 밝힐 일이 있으면 또한 三時로 공경하고 공양하며 허물을 뉘우치며 發願할 것입니다.[53]

---

51) 西本照眞, 1998, 앞의 책.

52) 당시 중국 각 종파에서는 육시예배를 중시하였으나, 각 종파마다 각 時에 예배하는 방법이 달랐다. 정토종의 경우는 『無量壽經』에서 취한 偈, 12광불의 명호, 龍樹의 12偈, 天親의 往生論偈, 隋 彦宗의 願往生偈, 善導의 16觀偈 등을 念한다고 한다(『望月佛敎大辭典』 1, 339쪽中).

54

『점찰경』에서는 참회의 방법으로 낮 三時와 밤 三時의 六時禮拜를 언급하며, 과거 7佛과 53佛에 대한 공경과 예배를 제시하고 있다. 육시예배가 당시 각 종파에서 중시하고 있었지만, 특히 53佛에 대한 稱名과 禮拜에서는 三階敎와 『占察經』의 공통된 특징을 발견할 수 있다.

한편 眞平王代 선도산 안흥사에서 실시한 점찰법회에 관한 기록을 보면, 主尊 3佛과 더불어 벽에 53佛과 6類聖衆 등을 그려 예배하도록 했다.[54] 이 점찰법회는 원광에 의해 점찰법이 신라에 소개된 후, 같은 왕대에 이루어진 것이므로 당연히 원광의 점찰법의 영향을 받았을 것이다. 여기에 53불이 보인다는 것은 원광도 53불을 예배의 대상으로 삼았을 것임을 짐작케 한다. 그리고 여기 보이는 53佛은 신라에서 그 예를 찾아보기 힘든 것으로, 三階敎의 六時禮拜와 『占察經』속에 보인다. 그러므로 53불에 대한 예불은 삼계교의 영향이라고 생각된다.

신행의 삼계교는 '실천'을 강조하였으며, 그 실천의 한 방법이 '예배'였다. 불당에서 하는 '육시예배'에 그치지 않고, 길에서 사람을 만나면 남녀노소를 불문하고 예배하였으며, 또한 탑에 대한 예배도 중시하였다.[55] 이러한 실천의 근저에는 佛·法·僧·衆

---

53) 『占察經』卷上 ; 『大正新修大藏經』卷17, pp.903c~904a, "於晝日分在此室內 三時稱名 一心敬禮過去七佛及五十三佛 次隨十方面一一總歸擬心 … 次至夜分時 若有燈燭光明事者 亦應三時恭敬供養悔過發願".

54) 『三國遺事』卷5 感通7 仙桃聖母隨喜佛事.

55) 『續高僧傳』卷16 隋京師眞寂寺釋信行傳 ; 『大正新修大藏經』卷50, p.560a, "今雖聞眞告心無奉敬 自知藥輕病重 理加勤苦竭力治之 所以隨遠近處 凡有

生 모두를 공경해야 한다는 三階敎의 普敬사상이 깔려 있었다. 즉 삼계교에서는 1佛 1法을 지나치게 믿는 것을 반대하며 普法普佛에 귀의해야 함을 주장한다. 이에 如來藏佛·佛性佛·當來佛·佛像佛 등의 4佛을 普佛로 설하였다. 이 普佛사상에 입각하면 세상에 부처 아닌 사람이 없으므로 서로 공경해야 한다는 普敬의 실천으로 나아가게 된다. 이러한 普敬사상은 『涅槃經』의 '一切衆生 悉有佛性'이라는 불성론, 즉 여래장사상과 그 맥을 같이하는 것으로 三階敎가 如來藏·佛性사상을 중요한 사상적 틀로 삼고 있음을 보여주는 것이다.

이와 같이 신행의 삼계교와 『占察經』에 의거한 점찰법회는 당시 남북조에서 유행하고 있던 사상과 수행방법을 계승하고 있다는 점에서 많은 유사점을 띠고 있었다. 무엇보다 이 둘은 여래장사상을 공통분모로 삼고 있었다. 그러므로 원광이 신행의 삼계교에 주목하는 것은 당연한 결과였을 것이다.

무엇보다 실천적 삼계교가 가진 가장 큰 특징은 '無盡藏施'의 실시였다. 돈황에서 수집된 『信行遺文』에는 無盡藏行에 대한 언급이 많이 보인다. 그가 말하는 無盡藏行이란 16種 常樂我淨行으로 16가지 布施의 실천이었다.[56] 信行이 無盡藏施를 중시한 것은, 모든 불교적 실천을 布施行에 집약시켜 보시행을 통해 成佛에

影塔 皆周行禮拜遶旋翹仰".

56) 施禮佛·施轉經·施衆僧·施衆生·施離惡·施十二頭陀·施飲食·施食器·施衣服·施房舍·施床坐·施燃燈燭·施鍾鈴·施香·施柴炭·施洗浴. 이 16種 중 앞의 4가지, 즉 불·법·승·중생은 보시의 대상이며, 그 뒤의 2가지는 불교 실천에 관한 보시이며, 시음식 이후 10가지는 재물의 보시이다.

이를 수 있다고 믿었기 때문이다.

> 10. 行者가 無盡藏施를 행함에 따라 무시이래의 宿債가 일시에 소멸
> 되니, 이제는 債住를 두려워할 필요가 없다. 또 一切의 業障·報障
> 등이 한꺼번에 사라지고, 부모형제 六親眷屬이 三途에서 헤어나
> 게 되니, 어찌 大益이 아니겠는가.57)

즉, 無始이래 無盡의 罪業을 소멸하는 데에는 無盡藏行이 필수라고 보았던 것이다.58) 그렇다면 무진장행은 빈민구제의 성격도 있지만 근본적인 목적은 '보시'라는 善業을 쌓음으로써 죄업을 소멸하는 데 있었던 것이 아닌가 한다. 이렇게 본다면 無盡藏施는 『占察經』卷上에서 설명한 木輪相의 법을 이용하여 지난 세상의 善·惡의 業과 현재의 苦樂吉凶을 점쳐 살펴 宿世의 罪業을 소멸하고자 한다는 점찰법의 목적과도 크게 다르지 않다. 특히 당시 중국의 廣州나 靑州 등지에서 실시된 탑참법이 宿世의 선악 업을 알아보는 방식으로 이루어진 점에서 더욱 그러하다. 그들은 선악 업의 확인에서 끝나는 것이 아니라 악업을 없애고 선업을 쌓기 위한 노력도 했을 것이다. 그리고 '보시'는 가장 확실한 공덕, 즉 선업을 쌓는 방법으로 보였을 것이다.

이러한 삼계교와 원광의 관계는 그 제자인 圓安의 행적에서

---

57) 『無盡藏法釋』; 矢吹慶輝, 1925, 「別篇」『三階敎之硏究』, 163쪽.

58) 이상현, 1983, 「隋, 信行의 사상에 관한 연구」, 동국대학교 석사학위논문, 108쪽.

단서를 얻을 수 있다.

> 11. 그(원광)의 제자 圓安은 … 처음 서울(長安)의 절에 있을 때에
> 도학으로 소문이 나서 特進 蕭瑀의 주청으로 藍田에 지은 津梁寺
> 에 머물렀는데, 네 가지 공양과 육시예배에 어김이 없었다.[59]

원광의 제자인 圓安은 蕭瑀(574~647)의 청으로 津梁寺에 머물렀다고 했는데, 이 蕭瑀는 불교에 심취했으며 특히 삼계교와 밀접한 관련을 맺고 있었던 인물로 알려져 있다.[60] 그런 소우가 원안의 거처를 주청했다면 원안 또한 삼계교와 인연이 있었다는 것이고, 그 인연은 당연히 스승인 원광에서부터 이어져 왔을 것이다.

원광이 귀국하기 몇 년 전인 593년 황제의 명에 의해『점찰경』의 유포와 탑참법의 실시가 금지되었다. 설상가상으로 귀국한 원광은 왕경이 아닌 가서갑에 머물게 되었고, 그나마 다행히 단월니가 田을 시납하였다. 이때 원광의 머리 속에는 삼계교의 無盡藏施가 떠올랐을 것이다. 당시 長安에서는 여전히 信行을 중심으로 한 三階敎가 위세를 떨치고 있었다. 이에 원광은 무진장시를 모델로 '占察寶'를 두어, 점찰법으로 업을 관찰하도록 하고, 악업을 없애고 선업을 닦는 방법으로 '보시'를 제시하였을 것이다. 이런 의미에서 원광의 점찰보는 선악을 관찰하는 점찰법과 삼계

---

59)『續高僧傳』卷13 唐新羅國皇隆寺釋圓光傳五(圓安) ;『大正新修大藏經』卷
   50, p.524a, "有弟子圓安 … 初住京寺 以道素有聞 特進蕭瑀 奏請住於藍田所
   造津梁寺 四事供給 無替六時矣".
60) 閔泳珪, 1993,「新羅 佛敎의 定立과 三階敎」『東方學志』77·78·79.

교의 무진장시가 결합된 모습이었을 것으로 추정된다.

5. 중고기 신라인의 '業' 인식

그렇다면 신라사람들은 원광의 점찰법을 어떻게 이해하고 받아들였을까? 우선 '占'이라는 방식이 거부감을 느끼지 않게 했을 것이다. 물론『점찰경』에서는 "세간의 점쟁이나 무당을 따르고 좋아서 갖가지 길하고 흉한 따위의 일을 점쳐 보는 일을 좋아하지 말아야 한다."고 하면서,[61] 여기서 '점찰'은 지난 세상에 지었던 善惡의 업과 현재의 苦樂과 길흉 등의 일을 살피는 것이라 하였다. 왜냐하면 "업이 모이면 마음을 따라 서로 나타나 과보가 일어나므로, 선악 업보를 점쳐 마음을 밝게 깨달아 의심하던 바를 없애는 것이기 때문"이라 하였다.[62] 이렇게 세간의 '占卜'과의 차이를 강조하긴 했지만, 점이라는 형식과 '관찰'이라는 시각적인 행위는 사람들의 주목을 끌기에 충분했을 것이다.

점찰법을 수용한 7세기 초는, 신라에 불교가 공인된 지 꽤 시간이 흐른 시점으로 전통신앙에서 불교로의 사상적 전환이 활발히 일어나고 있었다.

---

61)『占察經』上卷 ;『大正新修大藏經』卷17, p.902b, "返隨逐世間卜筮 種種占相吉凶等事 貪著樂習".

62)『占察經』上卷 ;『大正新修大藏經』卷17, p.902b, "業集隨心相現果起 不失不壞相應不差 如是諦占善惡業報 曉喩自心 於所疑事以取決了".

12-① 처음에 승려가 되어 불법을 배웠는데 30세에 조용히 거처하면서 수도할 생각으로 三岐山에 혼자 지냈다. 4년 후 어떤 比丘가 와서 법사가 사는 곳에서 멀지 않은 곳에 절을 짓고 2년을 살았는데, 사람됨이 사납고 呪術을 좋아하였다. … 밤중에 뇌성벽력 소리가 나 이튿날 보매 그 비구가 사는 절이 무너진 산에 묻혀버렸다. … 신이 중국으로 갈 계책을 자세히 일러주어 법사는 그 말에 따라 중국에 가서 11년 동안 머물면서 불경을 널리 통달하고 유학까지 겸하여 배웠다. 진평왕 22년 경신에 고향으로 돌아오려 하는데 중국에 왔던 사신을 따라 귀국하였다. 법사가 神에게 인사하고자 전일에 살던 삼기산 절에 갔다. … 약속한 날 법사가 가서 보니 漆빛처럼 검은 늙은 여우 한 마리가 숨을 헐떡이다가 그만 죽었다.[63]

12-② 眞平王代 智惠라는 비구니가 있어 어진 행실이 많았다. 安興寺에 살았는데, 佛殿을 새로 수리하려고 했으나 힘이 모자랐다. 꿈에 한 仙女가 아름다운 자태로 주옥과 비취로 장식하고 와서 위로하며 말하길, "나는 仙桃山의 神母이다. 네가 佛殿을 수리코자 하는 것이 반가워서 금 10근을 시주하여 돕고자 하니 내 자리 밑에서 금을 가져다가 주존3상을 장식하고, 벽에 53佛과 6類聖衆과 여러 天神들과 五嶽의 신들을 그리도록 하라. 또한 매년 봄 가을 두 계절에 10일간 선남선녀들을 모아 널리 一切 含靈을 위해 점찰법회를 여는 것을 상례로 삼으라." 하였다.[64]

---

63) 『三國遺事』 卷4 義解5 圓光西學.

64) 『三國遺事』 卷5 感通7 仙桃聖母隨喜佛事, "我是仙桃山神母也 喜汝欲修佛殿 願施金十斤以助之 宜取金於予座下 粧點主尊三像 壁上繪五十三佛 六類聖衆 及諸天神 五岳神君 每春秋二季之十日 叢會善男善女 廣爲一切含靈 設占察 法會以爲恒規".

12-①은 중국 유학 전 원광의 행적을 전하는 『수이전』의 기록으로, 원광이 수행하던 三岐山에 주술승이 있어[65] 삼기산신과 대립하였는데, 산신이 주술승을 몰아낸 후 원광의 중국 유학을 도와주었다고 한다. 또 12-②는 불전을 수리하고자 하는 비구니 智惠에게 仙桃山 神母가 시주로 도움을 준 사실을 전하고 있다. 선도산은 신라 小祀의 대상이었으며,[66] 선도산 신모는 시조 박혁거세의 어머니로 인식되어 경명왕 때는 '대왕'의 작위를 받을 정도였던 바,[67] 전통신앙의 대표 '산신'이라 할 수 있다.

이러한 전통신앙을 대표하는 삼기산신과 선도산 신모가 적극적으로 승려를 후원하고 佛事를 도왔으며, 불전을 수리함에 불상뿐 아니라 天神, 五岳神君 등 전통 신들도 포함하였다. 이는 전통신앙과 불교의 융합을 보여주는 한 단면이라 할 수 있다.

그런데 12-②에서 선도산 신모는 매해 봄·가을에 10일 동안

---

65) 이 주술승을 밀교 승려로 보거나(金在庚, 1978, 「新羅의 密敎 受容과 그 性格」『大丘史學』14, 4~5쪽), 무당으로 보기도 한다(李基白, 1986, 「圓光과 그의 思想」『新羅思想史研究』, 일조각, 98쪽). 주술승이 산신과 대립하는 것으로 보아 그를 무당과 같은 존재로 보긴 어려우며, 산신이 원광을 후원하는 것으로 볼 때 주술승을 원광과 같은 승려로 보기도 어렵다. 주술승은 무당에서 승려로, 전통신앙에서 불교로 사상적 전향을 도모하는 사람이 아닐까. 때문에 산신은 神佛의 경계에 선 존재보다 진정한 승려를 후원한 것이 아닐까.

66) 『三國史記』卷32 雜志1 祭祀, "小祀 霜岳 雪岳 花岳 鉗岳 負兒岳 月奈岳 武珍岳 西多山 月見山 道西城 冬老岳 竹旨 熊只 岳髮 于火 三岐 卉黃 高墟 嘉阿岳 波只谷原岳 非藥岳 加林城 加良岳 西述".

67) 『三國史記』卷12 新羅本紀12 敬順王 論 ; 『三國遺事』卷5 感通7 仙桃聖母隨喜佛事.

법회를 열라고 했는데, 봄·가을은 곧 파종기와 수확기의 계절제가 이루어지던 시기이다. 예부터 韓에는 5월 파종이 끝나거나 10월 농사가 끝나면 귀신에게 제사지내고 무리들이 모여 밤낮으로 쉬지 않고 음주가무를 즐기는 풍속이 있었다.[68] 더욱이 神母는 地母神이자 양잠의 상징으로 농업제례와 관련된 신이기도 하므로,[69] 봄·가을 계절제와도 밀접한 관계가 있다. 이러한 신모가 전통적인 계절제를 '점찰법회'라는 불교 의례로 행하도록 했다는 것은, 단순한 神·佛 융합이 아니라 전통신앙에서 불교로의 전환을 보여주는 것이다. 12-①의 삼기산신이 유학하고 돌아온 원광으로부터 戒를 받았다는 것도 산신이 불교에 귀의했음을 의미한다.

특히 안흥사에서 실시된 점찰법회의 경우 '일체 含靈'을 위해 법회를 개최하라고 했는데, 이는 곧 이 법회가 위령제의 성격을 띠고 있었음을 말해준다.[70] 일찍이 진흥왕 33년에 戰死한 병졸을 위해 外寺에 八關筵會를 7일간 열었던 적이 있다.[71] 팔관회는

---

68) 『三國志』 卷30 魏書30 東夷傳30 韓, "常以五月下種訖 祭鬼神 羣聚歌舞 飮酒晝夜無休 其舞 數十人俱起相隨 踏地低昂 手足相應 節奏有似鐸舞 十月 農功畢 亦復如之".

69) 서왕모의 상징은 '勝'이라는 실패로 양잠방직과 깊은 관계가 있으며, 서왕모는 직녀로 변형되고 견우와 직녀의 결합은 풍요로움을 상징하는 농경제례로 발전하였다고 한다(안지원, 2005, 『고려의 국가 불교의례와 문화 – 연등·팔관회와 제석도량을 중심으로』, 서울대 출판부, 35~36쪽).

70) 박광연, 2002, 앞의 논문.

71) 『三國史記』 卷4 新羅本紀4 眞興王 33년 10월 조, "冬十月二十日 爲戰死士卒 設八關筵會於外寺 七日罷".

62

재가신자들이 한 달 중 6재일에 八戒를 받아 수지하는 의식인데, 여기서의 팔관회는 전사자를 위한 위령제의 성격을 띠고 있었다.[72] 이처럼 초기 법회가 위령제로서 거행되었다는 것은 신라인들의 사후세계관이 불교적 세계관으로 변화하였음을 의미한다. 주지하다시피 고구려의 경우 4세기 중엽 불교를 수용하여 5세기 무렵에 이르면 고분에 연꽃무늬와 연화화생이 등장하는 등 내세관의 변화를 확인할 수 있다.[73] 신라에서도 6세기 초 순장이 폐지되고, 불교가 공인되면서 내세관의 변화가 일어나, 위령제를 불교의 법회 형식을 빌어서 개최하게 되었던 것이다.

불교적 세계관은 당연히 윤회적 세계관으로, 여기에는 윤회의 원인이 되는 '업'에 대한 이해가 기본적으로 깔려 있다. 일찍이 고구려에 불교를 전한 順道도 '因果를 보여 禍福으로 이끈다'고[74] 하여 '업'에 기초한 인과응보를 설하였다. 그러한 즉 불교 수용 후 신라인들도 업과 윤회사상에 대한 기초적인 지식을 가지고 있었을 것이다. 때문에 원광은 가서갑의 사람들을 대상으로 한 교화활동으로 '업'을 관찰하는 점찰법을 선택하였던 것이다.

한편 『점찰경』에서 業이란 마음을 따라 相을 나타내고 果를 일으킨다고 하였다.[75] 그러므로 드러난 相을 잘 관찰하면 그 마음

---

72) 김종명, 2001, 『한국 중세의 불교의례 : 사상적 배경과 역사적 의미』, 문학과 지성사, 168쪽 ; 안지원, 2005, 앞의 책, 143쪽. 중국에서도 위령제의 성격을 띤 팔관회가 실시되기도 했다고 한다.

73) 全虎兌, 1989, 「5세기 高句麗 古墳壁畵에 나타난 佛敎的 來世觀」『韓國史論』 21, 서울대 국사학과.

74) 『海東高僧傳』 卷1 流通一之一 順道, "'示以因果誘以禍福".

을 읽을 수 있고, 상에 나타난 번뇌를 제거하면 청정한 마음을 회복할 수 있다. 점찰법이 바로 마음을 따라 나타난 相을 관찰하는 방법이었고, 그중 첫 번째 점찰법은 선악 업의 관찰이었던 것이다.

업을 관찰한다는 것은 어떤 의미였을까? 善惡을 점친 결과를 놓고, '내가 숙세의 이 같은 善業으로 인해 혹은 宿世에 이 같은 惡業을 지은 까닭에 지금 이 果報를 얻었다'고 생각한다.[76) 즉 현재 자신의 처지나 모습은 곧 숙세에 자신이 지은 업에 의한 것임을 자각하는 것이다. 그러므로 자신의 숙세의 선악 업을 확인함으로써 현재 그들이 처한 상황을 이해하는데 어느 정도 설득력을 지녔을 것으로 생각된다. 그렇다고 하여 현실을 체념적으로 받아들이거나 신분제를 옹호하는[77) 것은 아니었을 것이다. 자신이 행한 행동에 상응하는 결과가 자신에게 돌아간다는 것이 업보윤회의 원리이므로, 무엇보다 자신의 의지적이고 자각적인 행위가 중심을 이룬다.[78) 현실을 인식함으로써 자기반성이 따르고, 반성 후에는 변화된 행동을 추구하게 된다.

따라서 『점찰경』에서도 선악 업을 살펴본 후에는 '참회'를 하도록 하였다. 元曉에 의하면 '죄를 참회하는 것은 앞서 있었던 것이 현재에 이르지 않게 하는 것이며, 현재에 이르지 않는 것은 참회의

---

75) 『占察經』上卷 ; 『大正新修大藏經』卷17, p.902b, "業集隨心相現果起".

76) 『占察經』卷上 ; 『大正新修大藏經』卷17, p.903b, "由我宿世如是善業 故今 獲此報 … 由我宿世造如是惡業故今獲此報".

77) 李基白, 1975, 「新羅 初期佛敎와 貴族勢力」 『震檀學報』 40 ; 1986, 『新羅佛 敎史研究』, 일조각, 93쪽.

78) 金相鉉, 1991, 「新羅 中古期 業說의 受容과 意義」 『韓國古代史研究』 4.

행위로 말미암는 것'이라 하였다.[79] 前生의 업이 더 이상 현세에 나타나지 않아야 그로 인한 다른 죄업이 생기지 않는 것이다. 그러므로 참회란 이전의 악업을 제거하는 것임과 동시에 善業의 바탕이 되는 것이다.

나아가『점찰경』에서 참회하여 악업을 없애 후에 '受戒'를 할 수 있다고 하였다. 점찰법회에 대한 一然의 논평을 보면,

> 13. 原宗[法興王]이 法을 일으킨 이래 津梁은 비로소 설치되었으나 堂奧는 아직 이루어지지 못했다. 그러므로 마땅히 歸戒滅懺의 法으로 愚迷한 중생을 깨닫게 해야 할 것이다.[80]

一然은 占察法을 歸戒滅懺法으로 이해하였는데, 이는 곧 자신이 지은 죄악을 드러내 이를 뉘우쳐 없애는 '참회'와 이를 전제로 다시 죄업을 짓지 않고 선업을 쌓기 위한 戒法의 수지를 말하는 것이다.『占察經』에서도 악업을 제거하기 위한 방편으로 참회를 제시하고, 계율의 수지를 강조하고 있으므로 일연의 평가는 정확하다 하겠다.

그럼, 원광의 점찰법에서는 戒, 受戒가 어떻게 작용하고 있었을까?

---

79) 元曉,『金剛三昧經論』; 은정희·송진현 역주, 2000,『원효의 금강삼매경론』, 일지사, 605쪽.

80)『三國遺事』卷4 義解5 圓光西學, "原宗興法已來 津梁始置 而未遑堂奧 故宜以歸戒滅懺之法 開曉愚迷".

14-① 어느 날 신이 와서 말하기를 "나는 죽을 날이 멀지 않았으니 보살계를 받아 저승길의 노자로 삼게 하여 주시기를 바랍니다."라고 하였다. 스님은 이에 보살계를 주고, 그로 인해 世世로 서로 구제하겠다는 맹세를 하였다.[81]

14-② 本國의 왕[진평왕]이 병환이 나서 의원이 치료하여도 낫지 않아 원광에게 입궁할 것을 청하여 別省에 안치하고 밤에 2시간씩 深法을 설하여 戒를 받고 참회하게 하니 왕이 크게 신봉하였다.[82]

14-③ 원광이 말하였다. "불교에는 菩薩戒가 있으니 그것은 10가지로 구별되어 있다. 너희들은 다른 이들의 신하된 자이니 능히 감당할 수 없을 것이다. 지금 세속의 5개의 계율이 있다".[83]

원광이 귀국 후 삼기산신을 방문했을 때 산신은 '보살계'를 받기를 청하였고, 그 계를 통해 윤회의 세계에서 서로 구제할 것을 약속하였다. 그리고 원광은 계를 통해 진평왕의 병을 치료하였다. 14-③에서 원광은 10종목의 菩薩戒를 언급하였는데, 이는 『梵網經』의 10重 48輕戒, 즉 범망보살계를 말한다. 그런데 이 梵網菩薩戒는 大乘菩薩戒로서 재가신자도 受持할 수 있는 계율이다.

---

81) 『海東高僧傳』 卷第二 流通一之二, "一日 神報曰 吾大期不久 願受菩薩戒爲長往之資 師乃授 訖因結世世相度之誓". 한편 『수이전』을 인용한 『삼국유사』에서는 "神曰吾亦授戒於神 仍結生生相濟之約"이라고 하였다. 의미로 볼 때 『해동고승전』의 기록이 더 타당하다고 생각한다.

82) 『續高僧傳』 卷13 唐新羅國皇隆寺釋圓光傳 ; 『大正新修大藏經』 卷50, p.524a, "本國王染患 醫治不損 請光入宮別省安置 夜別二時爲說深法 受戒懺悔 王大信奉".

83) 『三國遺事』 卷4 義解5 圓光西學, "光曰 佛敎有菩薩戒 其別有十 若等爲人臣子 恐不能堪 今有世俗五戒".

그런데 산신과 왕에게는 이 보살계를 주면서 귀산과 추항에게
는 수계하지 않았다. 산신은 수계하여 불교로 귀의하고자 하는
뜻이 있었을 것이고, 왕은 불교에 대한 지식과 정보가 풍부하여
계에 대한 이해가 있었을 것이다. 반면에 귀산과 추항은 '爲人臣
子'로 백제와의 아막성 전투에 참여하는 길이었고, 그런 그들에게
는 보살계라 할지라도 不殺生을 으뜸으로 하는 불교의 계를 줄
수는 없었다. 아직 신라사회에 보살계를 선양할 필요성이 요청되
지 않았기 때문이라고도 하는데,[84] 이후에 慈藏에 의해 승려들의
계율 수지와 승단의 정비가 이루어지는 것으로 보아 원광이 활동
하던 시기에는 아직 戒에 대한 이해가 깊지 못했을 것으로 짐작된
다.

그렇다면 원광은 점찰법을 실시한 가서갑의 사람들에게는 '계'
를 주었을까? 귀산과 추항이 불교계율을 지키기 어렵다고 판단된
만큼, 일반백성들에게 '계'를 주고 이를 실천하게 하기는 더 어려
웠을 것이다. 그러면 이들이 선업을 쌓을 수 있는 방법은 무엇이었
을까? 앞서 설명한 것처럼 원광은 삼계교의 무진장시를 떠올리며
점찰보를 두었던 바, '보시'를 선업의 방법으로 제시했다고 생각
한다.

원광의 점찰보에는 토지를 시주한 단월니가 있었고, 안흥사에
서도 선도산 신모가 불전의 수리 비용을 제공하였다. 이 시기
점찰법회는 布施에 기반하고 있음을 알 수 있다. 布施한 자가

---

84) 崔源植, 1999, 『新羅菩薩戒思想史硏究』, 民族社, 51~52쪽.

檀越尼, 神母 등 여성으로 나타나고 있으며, 그들의 사회적 지위를 짐작하기 어렵지만, 경제적으로 부유한 것으로 보아 신분이 높은 여성으로 짐작되나, 어쨌든 국가나 왕실이 아닌 개인 차원에서 布施가 행해졌음을 보여준다.

眞平王과 善德王代에는 사찰의 수가 증가할 뿐만 아니라 일반민이 보시하는 사례도 늘어났다.

15. 釋 良志는 조상과 고향은 자세히 알 수 없으며 오직 善德王朝에 事迹이 보인다. 錫杖 끝에 포대 하나를 걸어두면 석장이 저절로 날아 檀越家에 이르러 흔들며 소리를 낸다. 그 집에서 이를 알고 齋費를 넣어 포대가 차면 날아 돌아왔다. 그러므로 그가 있던 곳을 錫杖寺라 하였다. … 그가 靈廟寺 丈六像을 만들 때 스스로 入定하여 正受로 대하기를 법식으로 삼으니 이 때문에 성 안의 土女가 다투어 진흙을 날랐다. 風謠는 다음과 같다. 오다 오다 오다 / 오다 슬픔 많아라 / 슬픔 많은 무리여 / 공덕 닦으러 오다[85]

良志는 재주가 뛰어나 영묘사나 천왕사, 법림사 등 여러 사찰의 불상과 탑을 만든 승려였다. 위 기록에서 언급한 영묘사 장육존상 외에 이러한 많은 佛事에 단월들이 재물을 보시하였고, 土女들은

___

85) 『三國遺事』卷4 義解5 良志使錫, "釋良志 未詳祖考鄕邑 唯現迹於善德王朝 錫杖頭掛一布帒 錫自飛至檀越家 振拂而鳴 戶知之納齋費 帒滿則飛還 故名 其所住曰 錫杖寺 … 其塑靈廟之丈六也 自入定 以正受所對 爲揉式 故傾城土 女爭運泥土 風謠云 來如來如來如 來如哀反多羅 哀反多矣徒良 功德修叱如 良來如".

진흙을 나르는 등의 노동력을 보시하였을 것이다. 노동을 하면서 부른 '風謠'를 보면 '슬픔 많은'이란 악업 또는 죄에 대해 말하는 것으로, 이들이 노동이라는 보시를 통해 '공덕' 즉 악업과 죄를 없애고 선업을 쌓을 수 있음을 노래하고 있다. 재물을 보시한 단월가는 경제적으로 부유한 높은 신분층의 사람들이었다면, 노동력을 보시한 사녀들은 일반민으로 생각된다. 물론 일반백성 중에서도 재물을 보시하는 자도 있었을 것이다.

이처럼 보시에 참여하는 사람들의 수와 그 계층, 그리고 방법이 다양해지고 있었다. 이는 철제농기구의 확대 보급으로 농업생산력이 증가한 사회경제적 변화에 따른 결과라고도 할 수 있겠다.[86] 당시 농업생산력의 발전과 영토 확장에 따른 경제적 여유로 인해 다양한 계층에서 보시를 실천하고 있었다. 노동력까지 보시할 정도 신라인들은 보시를 중시하고 있었고, 이는 이들이 불교의 업설을 믿고 의지하고 있었음을 의미하는 것이다. 이러한 활발한 보시활동에는 업과 관련하여 보시를 강조하는 점찰법회의 영향이 크게 작용했을 것이다.

이상에서 고찰한 바, 점찰법은 원광에 의해 처음으로 신라에 소개되었다. 일찍이 陳·隋에서 유학했던 원광은 여러 불교교리를 접했으나 특히 여래장사상을 중시하였다. 그가 589년 수나라

---

86) 전덕재, 1990, 「4-6세기 농업생산력의 발달과 사회변동」 『역사와현실』 4 ; 李仁哲, 1999, 「新羅上代의 佛事造營과 그 社會·經濟的 基盤」 『白山學報』 52, 79쪽.

長安으로 왔을 때, 信行의 삼계교라는 새로운 불교운동이 유행하였고, 593년에는 廣州와 山東 지역에서 유행하는 탑참법, 그 근거가 되는『점찰경』에 대한 진위논란이 일어 결국 황제의 칙명에 의해 유포가 금지되는 일도 있었다. 그러나 삼계교나『점찰경』은 모두 여래장사상을 기반으로 실천적 성격이 강했으며, 일반민을 중심으로 한 많은 사람들이 널리 수용하고 있었다.

　600년 신라로 돌아온 원광은 왕경이 아닌 가서갑에 머물게 되면서, 이곳에 점찰보를 두고 선악의 업을 관찰하는 점찰법으로 교화활동을 펴기 시작했다. '占'이라는 익숙한 방식으로 業이라는 불교의 기본교리를 쉽게 이해시킬 수 있었다. 악업을 제거하고 선업을 쌓기 위해 참회하고 계를 받아 지켜야 하는데, 귀산과 추항에게 보살계가 아닌 세속오계를 주었듯이, 아직 불교의 계는 사람들에게 익숙하지 않았다. 이에 원광은 삼계교의 무진장시를 떠올리며 점찰보를 두고, 사람들에게 '보시'를 통한 善業을 강조하였다. 이후 佛事에 재물뿐 아니라 노동을 보시하는 등, 신라사람들은 업에 대한 이해와 선업·공덕을 위해 보시를 실천하고 있었다. 이것이 바로 신라사람들이 불교를 이해하고 받아들이는 방식이었으며, 여기에는 점찰법이 매개적인 역할을 하고 있었다.

제3장 신라 통일기 점찰법회의 변화와 禮懺

1. 蛇福설화로 본 점찰법회의 변화

660년 백제의 멸망, 668년 고구려의 멸망, 그리고 676년 唐軍을 축출함으로써 신라는 삼국통일이라는 대업을 달성하여 새로운 전환기를 맞이하였다. 이러한 신라사회의 변화는 불교계에도 영향을 미쳤다. 강력한 중앙집권정책에 따라 국가의 불교교단에 대한 통제정책이 실시되었고, 한편에서는 기존 신라불교에 대한 반성, 즉 왕과 귀족 등 지배층을 중심으로 한 王京불교는 民과 지방을 소외시켰다는 것에 대한 반성과 통일 이후 百濟遺民과 高句麗遺民의 수용·통합과 관련하여 불교의 大衆化가 요구되었다.[1] 아미타신앙을 비롯한 다양한 신앙의 유행은 이러한 불교대중화의 모습을 잘 보여준다. 불교의 대중화는 자연히 신라인들의 불교 이해를 심화시켰고, 왕실을 비롯한 신라정부 또한 이를 통해 백성과의 거리를 좁히고자 했다.

---

[1] 南東信, 1998, 「新羅 中代佛敎의 成立에 관한 硏究─『金剛三昧經』과 『金剛三昧經論』의 분석을 중심으로─」 『韓國文化』 21, 114~115쪽.

　점찰법회는 여전히 지속적으로 실시되었으며, 가서갑과 안흥사 외의 사찰로 확대되고 있었다. 이는 점찰법회가 신라사회의 변동과 불교계의 변화요구에 응하고 있었다는 의미일 것이다. 그 변화의 단서를 蛇福설화 속에서 찾아볼 수 있다.

1. 하루는 그 어머니가 돌아가시자, 이때 元曉는 高仙寺에 머물고 있었는데 元曉가 그를 보자 禮로 맞이하였다. 蛇福이 答拜하지 않고 말하길, "그대와 내가 옛날 경을 실었던 암소가 오늘 죽었으니 함께 장사지냄이 어떠한가?" 하니 원효가 "좋다"하였다. 마침내 함께 집에 도착하여 원효로 하여금 布薩시켜 戒를 주도록 하였다. 시신 앞에 이르러 고축하길, "나지 말지어다 그 죽음이 괴롭다. 죽지 말지어다 그 삶이 괴롭다" 하니, 사복이 "그 말이 번거롭다" 하자 다시 고쳐 "죽고 남이 괴롭다"고 하였다.
상여를 메고 활리산 동쪽 기슭으로 와 원효가 말하길 "지혜의 범을 지혜 숲에 묻는 것이 좋지 않겠나?" 하자, 사복이 글을 지어 "그 옛날 석가모니는 사라수 사이로 열반에 드셨는데 지금 역시 그 같은 자가 있어 연화장세계로 편히 들어가네"라며 말을 마치고 띠풀을 뽑았더니 그 아래에 세계가 있는데, 황랑하고 청허하며 칠보로 장식한 난간과 누각이 장엄하여 인간세상이 아니었다. 사복이 시체를 업고 함께 들어가니 갑자기 그 땅이 합쳐졌다.
후세 사람들이 금강산 동남쪽에 절을 짓고 도량사라 하여 해마다 3월 14일이면 점찰법회를 여는 것을 항례로 삼았다.[2]

---

2) 『三國遺事』 卷4 義解5 蛇福不言.

　蛇福은 어머니가 돌아가시자 원효를 찾아가 함께 장사 지낼 것을 부탁하였다. 원효가 사복의 어머니에게 포살·수계를 하고 묻으려고 할 때, 사복은 그 어머니를 안고 땅 속 蓮華藏世界로 들어갔다. 이후 사람들은 도량사를 세우고 매년 3월 14일에 사복이 연화장세계에 들어간 날을 기리며 점찰법회를 열었다고 한다.

　사복의 생몰연대는 알 수 없지만 원효의 생몰연대가 617~686년이므로, 비록 후세 사람들에 의해 이루어졌다 해도 도량사의 점찰법회는 7세기 말경에는 실시되었을 것이라 추정된다.

　이 점찰법회가 돌아가신 사복과 그 어머니를 기리는 것이라는 점에서 이전 진평왕대 安興寺에서 실시한 점찰법회와 마찬가지로 위령제적 성격을 가지고 있다고 할 수 있다. 또한 사복의 어머니는 前生에 소였으나 경전을 나른 공덕으로 현생에서 인간으로 태어났으며, 다시 내세에는 연화장세계로 갔다. 이 점찰법회가 그녀의 三世 業과 윤회를 배경으로 한다는 점에서도 업의 관찰이라는 점찰법회의 목적과도 일치한다. 앞서 圓光이나 智惠가 실시한 점찰법회에서 '보시'를 선업을 쌓은 방편으로 강조하였던 것과 같이, 사복 어머니의 '경전을 실어 나른 공덕' 또한 '法布施' 혹은 '施轉經'으로서의 보시라 할 수 있다. 이런 점에서 도량사 점찰법회는 이전 7세기 초의 점찰법회와 큰 차이가 없어 보인다.

　다만 위 설화에서 사복의 어머니가 전생에 소였으나 경전을 운반한 공덕으로 현생에 인간으로 태어날 수 있었다고 하지만, 현생에 과부였던 그녀가 내세에 연화장세계, 곧 열반으로 들어갈 수 있었던 선근공덕이 무엇이었는지는 분명하게 드러나지 않는다. 주목되는 것은 연화장세계에 들어가기에 앞서 원효가 그녀에게 포살·수계했다는 점이다. 布薩은 보름마다 모여 잘못을 참회하던 의식으로 잘못을 참회하여 악을 끊고 선을 기른다는 의미가 내포되어 있으므로, 원효는 포살을 통해 그녀를 참회시킨 후에 선업의 증표로 戒를 주었던 것이다.

원효가 그녀를 위해 어떤 계를 주었는지 알 수 없지만, 告祝하길 '死生苦兮, 즉 죽음과 삶이 고통이다'라 하였다. 이는 석가모니가 깨달은 내용이자 불교의 핵심으로, 生死는 윤회하기 때문에 고통이므로 윤회를 벗어나는 것이 진정한 福임을 말한 것이다. 이 축문이 원효의 입장에서는 '戒'였을 것이다.[3] 즉 사복의 어머니는 포살·수계로 참회하고 계를 받았기 때문에 그 공덕으로 열반에 들 수 있었던 것이다.

이를 볼 때, 보시와 함께 참회와 계가 윤회의 善因으로 중시되고 있었음을 짐작할 수 있다. 이는 일찍이 慈藏이 승려들의 계율을 정비하고 수계할 수 있는 戒壇을 건립하는 등[4] 신라불교의 계율이 확립되면서 '戒'의 중요성이 부각된 영향일 것이다.

비록 후대 경덕왕대를 시대적 배경으로 하지만, 郁面 설화 또한 사복의 설화와 비슷한 모티프를 가지고 있다.

2. 『僧傳』을 살펴보면, 棟梁 八珍이란 것은 관음보살의 應現이었다. 무리들을 모으니 1천 명이 되었는데, 두 패로 나누어 한 패는

---

3) 金相鉉, 1982, 「사복설화의 불교적 의미」 『사학지』 16, 595~596쪽.
4) 『三國遺事』 卷4 義解5 慈藏定律.

노력을 하고, 한 패는 정성껏 수행하였다. 그 노력하는 무리 중에 일을 맡아보던 이가 戒를 얻지 못하여 畜生道에 떨어져 부석사의 소가 되었다. [그 소가] 일찍이 경전을 싣고 갔기에 경전의 힘을 입어서 전생하여 아간 귀진의 집 여종이 되어 이름을 郁面이라고 하였다.5)

 여종인 욱면의 전생에 관한 이야기로, 사복의 어머니와 마찬가지로 욱면은 전생에 소였으나 경전을 싣고 갔던 공덕으로 현세에 인간으로 태어날 수 있었다. 전생에 욱면이 축생도에 떨어져 소가 된 이유는 '戒'를 얻지 못했기 때문이라 하였다. 사복의 어머니가 계를 받고 열반에 든 것과는 대조적으로 욱면은 계를 얻지 못해 三惡道의 하나인 축생도에 떨어졌다는 것이다. 이 두 여인의 설화를 통해 볼 때 '계'와 윤회가 밀접한 관련이 있으며, 신라 불교계에서 계의 수지가 중요해지고 있었음을 짐작할 수 있다.

 무엇보다 계를 수지하기 위해서는 악업에 대한 '참회'가 전제되어야 하므로, 계의 수지와 더불어 '참회'도 중시되었을 것이다. 훗날에 도량사를 세우고 매년 占察法會를 행했다는 것은, 후세 사람들도 윤회를 끊고 열반에 이르기 위해 보시뿐 아니라 참회와 수계 등을 수행하라는 의도가 있었던 것이다.6) 그러므로 사복 설화를 통해 점찰법회에서도 '참회와 수계'를 위한 수행이 점차 강조되었을 것임을 짐작할 수 있다.

---

5)『三國遺事』卷5 感通7 郁面婢念佛西昇.

6) 金相鉉, 1991,「蛇福說話에 나타난 華嚴思想」『新羅華嚴思想史研究』, 民族社, 178~179쪽.

2. 오대산신앙 속 占察禮懺

이런 점에서 신라 오대산신앙 속에 보이는 '점찰예참'이 주목된다. 예참은 예배와 참회를 행하는 것으로 身·口·意로 지은 죄와 여러 장애를 제거하는 수행법이다. 오대산신앙에서 점찰법이 아닌 '점찰예참'이라고 표현한 것은 여기에서 '참회'를 통한 '수행'이 강조되었음을 보여준다.

신라 오대산은 일찍이 자장에 의해 문수보살의 주처로 주목되었으나, 오대산신앙이 형성된 것은 寶川과 孝明[7] 두 태자의 입산수도와 이후 眞如院의 개창이 계기가 되었다. 『삼국유사』에 의하면 淨神대왕의 태자인 보천과 효명은 河西府의 省烏坪에 이르러 여러 날 유람하다가 갑자기 불도에 뜻을 두고 몰래 오대산에 들어가 숨었다. 이들이 문수보살을 공양하며 수도하고 있던 중, 신하들이 태자를 모시러 왔다. 보천은 극구 사양하였으므로 효명을 모시고 돌아와 왕위에 앉혔고, 이후 보천은 홀로 남아 수행하였다.[8]

이 효명이 곧 성덕왕으로,[9] 705년(神龍 元年)에 성덕왕은 문수보살이 모습을 드러내던 곳에 진여원을 개창하고 知識 靈卞 등

---

7) 『三國遺事』의 「臺山五萬眞身」조에서는 寶川, 孝明으로 명기되어 있고, 「溟州五臺山寶叱徒太子傳記」에는 보질도와 효명으로 나온다. 후자는 제목대로 보질도태자에 관한 것으로, 이 글에서는 오대산신앙을 살펴보고자 하는 바, 내용면에서 더 상세한 전자의 기록에 따라 두 태자의 이름을 寶川과 孝明으로 쓰도록 하겠다.

8) 이상의 내용은 『三國遺事』 卷3 塔像4 「臺山五萬眞身」과 「溟州五臺山寶叱徒太子傳記」에 나온다.

9) 자세한 내용은 본서 제3장 3절 참조.

5員으로 『華嚴經』을 오랫동안 전독케 하여 華嚴社로 삼았다고
한다.

한편 홀로 남아서 50여 년을 수행하던 보천은 세상을 떠나는
날, 후에 이 산중에서 행할 행사로 국가에 도움이 될 만한 일들을
기록해 두었다. 그 기록을 보면, 오대산 각 대에 불·보살상을
안치하고 그 불·보살과 관련하여 독경할 경전과 예참법을 배열해
놓았다.[10)]

> 3. 靑은 東臺 북쪽 모퉁이 아래 北臺 남쪽 기슭 끝에 있으니 마땅히
> 觀音房을 두어 圓像觀音과 푸른 바탕에 1만 관음상을 그려 안치
> 하고, 福田 5인이 낮에는 『八卷金經』『仁王』『般若』『千手呪』를
> 읽고 밤에는 觀音禮懺을 염송하며 圓通社라 칭한다. … 黃은
> 中臺眞如院에 위치하며, 가운데 泥像 文殊不動을 안치하고 後壁
> 에 황색 바탕에 毗盧遮那를 상수로 36化形를 그려 봉안하고,
> 福田 5인으로 낮에는 『華嚴經』『六百般若』를 읽고 밤에는 文殊禮
> 懺을 염송하며 華嚴社라 칭한다. 寶川庵을 고쳐 華藏社를 창건하
> 고, 圓像毗盧遮那三尊과 大藏經을 안치하고 복전 5인으로 대장
> 경을 늘 열어보고 밤에는 華嚴神衆을 염송하며, 每年 華嚴會를
> 1백일 개최하되 이름을 法輪社라 칭한다. 이 華藏寺를 五臺社의
> 本寺로 삼아 견고하게 護持하고, … 또 下院에 文殊岬寺를 더
> 배치하여 社의 都會로 삼고 복전 7인으로 주야로 늘 華嚴神衆禮
> 懺을 행하게 하라.[11)]

---

10) 보천이 오대산에서 수행해야 할 일로 담겨놓은 기록은 「臺山五萬眞身」
   조에만 보인다.

11) 『三國遺事』 卷3 塔像4 臺山五萬眞身, "靑 在東臺北角下 北臺南麓之末 宜置觀

이상의 내용을 표로 나타내면 아래 <표 1>과 같다.[12)]

<표 1> 신라 오대산신앙의 구조

方位	色	房名	上首 및 眷屬	讀經	禮懺	福田	社名
東	靑	觀音房	圓像觀音 畵一萬觀音	八卷金經, 仁王般若, 千手呪	觀音禮懺	5	圓通社
南	赤	地藏房	圓像地藏 畵八大菩薩, 一萬地藏像	地藏經, 金剛般若	占察禮懺	5	金剛社
西	白	彌陀房	圓像無量壽 畵無量壽如來 一萬大勢至	八卷法華	彌陁禮懺	5	水精社
北	黑	羅漢堂	圓像釋迦 畵釋迦如來, 五百羅漢	佛報恩經, 涅槃經	涅槃禮懺	5	白連社
中	黃	眞如院	泥像文殊不動 畵毗盧遮那 三十六化形	華嚴經, 六百般若	文殊禮懺	5	華嚴社
上		本寺 (華藏寺)	圓像毗盧遮那三尊 大藏經	長門藏經 華嚴神衆		5	法輪社
下		下院 (文殊岬寺)			晝夜常行華 嚴神衆禮懺	7	社之都會

오대산신앙에서 점찰법회와 관련하여 주목을 끄는 것은 남대

音房 安圓像觀音 及靑地畵一萬觀音像 福田五員 晝讀八卷金經 仁王 般若 千手
呪 夜念觀音禮懺 稱名圓通社 … 黃 處中臺眞如院 中安泥像文殊不動 後壁安黃
地畵毗盧遮那爲首三十六化形 福田五員 晝讀華嚴經 六百般若 夜念文殊禮懺
稱華嚴社 寶川庵改創華藏社 安圓像毗盧遮那三尊及大藏經 福田五員 長門藏
經 夜念華嚴神衆 每年設華嚴會一百日 稱名法輪社 以此華藏寺爲五臺社之本
寺 堅固護持 …又加排下院文殊岬寺爲社之都會 福田七員 晝夜常行華嚴神衆
禮懺".

12) 徐閏吉, 1994, 『韓國密敎思想史硏究』, 불광출판부, 95쪽 표 참고.

지장방에서 밤에 '점찰예참'을 하도록 한 점이다. 점찰예참은 그 명칭으로 보아 소의경전인『점찰경』또는 점찰법에서 행하던 참회법에 근거했을 것으로 생각된다.『점찰경』에서는 지난 세상의 善惡 業을 점쳐 惡業이 많고 두터운 경우에는 禪定·智慧를 닦기보다 懺悔法을 먼저 닦아야 한다고 하였다. 그러면서 그 참회법에 대해 다음과 같이 상세하게 서술하고 있다.

4. 懺悔法을 닦고자 하는 자는 ㉠ 마땅히 조용한 곳에 머물면서 힘써 할 수 있는 바 실내를 莊嚴하고 방 안에 부처와 경전을 두고 ㉡ 幡旗와 우산을 걸고 香華를 구해 모아서 供養을 닦는다. ㉢ 몸을 씻고 의복을 세탁하여 악취가 나지 않게 한다. ㉣ 낮에 이 방에 있으면서 三時에 稱名하는데, 一心으로 過去 7佛 및 53佛 禮敬하다. 다음으로 十方을 따라 일일이 귀의하고 마음으로 생각하면서 두루 一切諸佛이 가진 色身·舍利·形像·浮圖·廟塔 등 一切 佛事에 예배하고, 다음으로 十方三世에 계신 諸佛을 예배한다. 또 마땅히 마음으로 생각하면서 두루 十方 一切法藏을 예배하고, 또 마음으로 생각하면서 두루 十方 一切賢聖을 예배한다. 그런 연후에 다시 따로 稱名하며, 나 地藏菩薩摩訶薩을 예배한다. ㉤ 이렇게 예배를 마치고 마땅히 지은 바 罪를 설명하고 一心으로 우러러 고한다. "다만 원컨대 十方諸大慈尊이시여 證知하고 護念하십시오. 저는 지금 懺悔하여 다시는 짓지 않겠습니다. 원컨대 저와 일체중생이 無量劫 이래 十惡·四重·五逆顚倒·三寶를 謗毁한 一闡提의 죄를 속히 멸하게 하옵소서" … ㉥ 다음 응당 勸請의 願을 세울 것이니, "원컨대 十方一切菩薩로 아직 正覺을 이루지 못한 이는 속히 정각을 이루게

하시고, 만약 이미 정각을 이룬 자는 세간에 머물며 정법륜을 굴려 열반에 들지 않도록 하시옵소서” 한다. ㉅ 다음 또 隨喜의 願을 세우니, “원컨대 나와 일체중생은 끝내 질투하는 마음을 길이 버리고, 삼세 일체 국토에서 일체 공덕을 수학하고 성취한 자 모두를 따라 기뻐할 것입니다”라고 한다. ◎ 다음 迴向의 願을 세워 “원컨대 내가 닦은 일체 공덕은 일체중생을 이롭게 하며, 함께 佛智에 나아가 涅槃城에 이르게 하옵소서”라고 한다. ㉆ 이처럼 회향의 원을 세운 후 다시 조용한 방에 머물며 端坐하여 一心으로 나의 명호를 稱誦하거나 생각하며 마땅히 수면을 줄일 것이며, 잠이 많은 이는 도량의 방안을 돌면서 외우거나 생각할 것이다.[13]

먼저 참회할 장소를 장엄하고, 향화공양한 후 몸과 의복을 깨끗이 하며, 과거불·일체佛事·三世諸佛·일체법장·일체현성·지장보살에게 예배한다. 그리고 자신의 죄를 말하고 참회한 후

---

13) 『占察經』 卷上 ; 『大正新修大藏經』 卷17, pp.903c~904a, “欲修懺悔法者 當住靜處 隨力所能莊嚴 一室內置佛事及安經法 懸繒幡蓋 求集香華 以修供養 澡沐身體及洗衣服 勿令臭穢 於晝日分在此室內 三時稱名 一心敬禮過去 七佛及五十三佛 次隨十方面一一總歸擬心 遍禮一切諸佛所有色身舍利形像 浮圖廟塔一切佛事 次復總禮十方三世所有諸佛 又當擬心遍禮十方一切法藏 次當擬心遍禮十方一切賢聖 然後更別稱名 禮我地藏菩薩摩訶薩 如是禮已應 當說所作罪一心仰告唯願十方諸大慈尊證知護念 我今懺悔不復更造 願我及 一切衆生 速得除滅無量劫來十惡四重五逆顚倒謗毀三寶一闡提罪 … 次應復 發勸請之願 願令十方一切菩薩未成正覺者 願速成正覺 若已成正覺者 願常住 在世轉正法輪不入涅槃 次當復發隨喜之願 願我及一切衆生 畢竟永捨嫉妒之 心 於三世中一切利土 所有修學一切功德 及成就者悉皆隨喜 次當復發迴向之 願 願我所修一切功德 資益一切諸衆生等 同趣佛智至涅槃城 如是發迴向願已 復往餘靜室端坐一心 若稱誦若默念我之名號 當減省睡眠若惛蓋多者 應於道 場室中旋遶誦念”.

차례로 권청·수희·회향의 願을 세운 후, 마지막으로 一心으로 지장보살의 명호를 칭송한다고 한다. 즉『점찰경』의 참회법은 나름의 의식을 갖추고 있었다.

『점찰경』은 陳末隋初에 찬술된 僞經이었지만 이 경에 대한 주석서는 明代에 이르러 비로소 등장하였다. 明의 智旭(1599~1655)은 이 경을 주석하여『占察善惡業報經玄義』1권,『占察善惡業報經疏』2권,『占察善惡業報經行法』(이하『점찰경행법』으로 표기) 1권을 저술하였으며, 지장신앙에 의해『점찰경』의 占相을 행했다고 한다.[14] 이 중『점찰경행법』은 緣起, 勸修, 簡擇同行, 占察輪相, 正修懺悔, 別明二種觀道로 구성되어 있고 뒤에 占輪相法과 懺壇中齋佛儀가 부가되어 있다. 이『점찰경행법』에는 '正修懺悔' 부분이 전체 분량의 절반 이상을 차지할 정도로 '참회'가 중심을 이루고 있다. 지욱이 이『점찰경행법』을 통해 참회법으로서 점찰법을 정비하고 선양하였음을 짐작할 수 있다.[15]

지욱은『점찰경행법』의 정수참회에서 참회법을 10科, 즉 ①嚴淨道場, ②淸淨三業, ③香華供養, ④啓請三寶諸天, ⑤讚禮三寶, ⑥修行懺悔, ⑦發勸請願, ⑧發隨喜願, ⑨發廻向願, ⑩補發願及端坐靜室稱念名號로 나누어『점찰경』의 참회 행법을 서술하였다. 이를 위 자료 4와 비교해 보면, <표 2>에서 보듯이『점찰경』참회법에 서술된 ⓒ淨身과 ⓔ禮佛 부분은 없고 대신 ②淸淨三業과 ④啓請三寶諸天 ⑤讚禮三寶가 추가되어 있다. ⓒ淨身은 몸을 단정히 한다는

---

14) 田島德音, 1932, 「占察善惡業報經 解題」『國譯一切經―經集部 15』, 316쪽.

15) 蔡印幻, 1986, 「新羅 眞表律師 硏究(Ⅰ)」『佛敎學報』 23, 66~67쪽.

의미에서 ②청정삼업과 크게 다르지 않다고 생각된다. 다만 ④啓
請三寶諸天과 ⑤讚禮三寶는『점찰경』에는 없는 내용으로, 지욱은
'다른 行儀에 의거했다'[16) 하거나 '『十輪經』의 地藏菩薩讚佛 2偈를
취했다'[17)고 하였다.

<표 2> 참회 의식의 비교

점찰경 참회법	智旭, 占察善惡業報經行法 (10科)	遵式, 往生淨土懺願儀 (10科)	智顗, 法華三昧懺儀 (10法)
1. 莊嚴	1. 嚴淨道場	1. 嚴淨道場	1. 嚴淨道場
2. 香華供養	2. 淸淨三業	2. 明法方便	2. 淨　身
3. 沐身體及洗衣服	3. 香華供養	3. 明正修意	3. 三業供養
4 .예불	4. 啓請三寶諸天	4. 燒香散華	4. 奉請三寶
5. 참회	5. 讚禮三寶	5. 禮　請　法	5. 讚歎三寶
6. 권청	6. 修行懺悔	6. 讚　歎　法	6. 禮　佛
7. 수희	7. 發勸請願	7. 禮　佛　法	7. 懺　悔
8. 회향	8. 發隨喜願	8. 懺　願　法	8. 行道旋遶
9. 端坐靜室稱念名號	9. 發廻向願	9. 旋　誦　法	9. 誦法華經
	10. 補發願及端坐靜室 稱念名號	10. 坐　禪　法	10. 思惟一實境界

이처럼 지욱은 『점찰경』의 참회법을 정리하면서 다른 참회행
의를 참고하였는데, 여기에는 宋나라 慈雲 遵式(964~1032)이 찬술
한 『往生淨土懺願儀』이 크게 영향을 끼쳤다. 『점찰경행법』에서
참회를 '10과'로 분류한 점이나 특히, 여섯 번째 「수행참회」에서

---

16) 智旭,『占察善惡業報經行法』;『續藏經』(1981, 寶蓮閣 영인) 卷120, p.126b,
　　"第四 啓請三寶諸天 本經無啓請法 准餘行儀".

17) 智旭,『占察善惡業報經行法』;『續藏經』(1981, 寶蓮閣 영인) 卷120, p.127b,
　　"第五 讚禮三寶 經無讚法 不別立科 但取十輪經中 地藏菩薩讚佛二偈 隨行禮
　　敬合爲一科".

는 『왕생정토참원의』 제8 「참원법」에서 언급한 중생의 罪障 10가지와 그에 따른 참회원 10가지를 그대로 옮겨 적고 있다. 다만 참회의 대상을 아미타불에서 지장보살로 바꾸고 있을 뿐이다.[18] 지욱은 천태종을 祖宗으로 삼은 승려였으므로, 천태종 승려 준식의 예참을 참고한 것은 당연한 일이었을 것이다.

한편 준식의 『왕생정토참원의』는 순서에 약간의 차이는 있지만, 智顗(538~597)의 『법화삼매참의』와 많이 유사하다.[19] 뿐만 아니라 『점찰경』의 참회법 또한 지의의 참법과 유사한 점이 많다.

참법은 일찍이 중국 남조 梁代에 다양하게 행해지기 시작했는데, 陳末隋初에 찬술된 『점찰경』도 이러한 참법의 영향을 받았을 것이다. 무엇보다 참법을 형식적이고 체계적으로 정리한 자가 바로 智顗였다. 그는 請觀世音懺法·金光明懺法·方等懺法의 行法을 찬술했으며, 이후 수·당대의 여러 승려들이 그의 참회법을 실천하고 있었다. 예컨대 지의의 제자 普明은 천태산에서 방등·반야·관음의 참법을 행하였고,[20] 隋의 法純은 방등참법을 45년에 걸쳐 수행했으며,[21] 揚州의 法嚮은 지의의 법화참법을 3·7일간에 걸쳐

---

18) 遵式, 『往生淨土懺願儀』 第八懺願法 ; 『大正新修大藏經』 卷47, p.493b ; 智旭, 『占察善惡業報經行法』 ; 『續藏經』(1981, 寶蓮閣 영인) 卷120, pp.129b~130a.

19) 金英美, 1998, 「高麗前期의 阿彌陀信仰과 天台宗 禮懺法」 『史學硏究』 55·56, 99~100쪽.

20) 『續高僧傳』 卷19　唐天台山國淸寺釋普明傳 ; 『大正新修大藏經』 卷50, p.586a.

21) 『續高僧傳』 卷18　隋西京淨住道場釋法純傳 ; 『大正新修大藏經』 卷50, p.575b.

행했다고 한다.22)

　지의에 의해 滅罪懺過가 참법의 형식으로 정리되면서 참회수행은 대체로 일정한 규식을 갖추게 되었고,23) 이 참법이 후대에까지 지속되었던 것이다. 송나라 준식의『왕생정토참원의』뿐만 아니라 그의『金光明經懺法補助儀』와『請觀音經懺儀』가 지의의 금광명경참법과 청관세음참법을 부연한 것이라는 점에서24) 지의의 참법이 宋·明에도 계속 이어지고 있었음을 알 수 있다. 그러므로 참법이 지의－준식－지욱으로 계승되었으며,『점찰경행법』도 근본적으로 지의의 참법에 바탕을 둔 것이라 볼 수 있다.25)

　신라 오대산 동대 觀音房의 觀音禮懺도 지의의『請觀世音懺法』에 의거하였을 것이고, 서대 미타방에서는 미타예참을 행하도록 하였는데,『법화경』을 읽었다고 하므로 이 미타예참도 지의의 법화삼매참에서 벗어나지 않았을 것이다.26) 따라서 신라 오대산 각 臺에 보이는 禮懺은 智顗의 懺法과 유사할 것이며, 다만 禮佛의 대상이나 誦經의 대상이 각 臺마다 다를 뿐이었다. 그렇다면 남대 지장방의 점찰예참도 지의의 참법과 다르지 않았을 것이며, <표 2>에서 보듯이『점찰경』의 참법과 지의의 참법에 유사한 점이

---

22) 『續高僧傳』　卷26　揚州海陵正見寺釋法嚮傳 ;『大正新修大藏經』　卷50, p.605c.

23) 鎌田茂雄, 1999,『中國佛教史 제6권－隋唐の佛教(下)』, 東京大學出版會, 47～53쪽.

24) 金英美, 1998, 앞의 논문, 99쪽.

25) 田島德音, 1932, 앞의 논문 ; 蔡印幻, 1986, 앞의 논문.

26) 金英美, 1998, 앞의 논문, 106쪽.

많다.

다만 7세기 신라에 점찰법이 소개되었을 때 참회법도 함께 실시되었는지 확신할 수 없지만, 당시 중국에서 업의 관찰로 활용하고 칙명에 의해 경이 금지된 상황을 고려할 때 儀式을 갖춘 참회법을 시행하긴 어려웠을 것으로 생각된다. 그러나 신라에서는 점찰법회가 지속적으로 시행되고 있었기 때문에 이후 지의의 참법이 전해지면서 앞서 사복의 설화에서 보듯이 참회와 수계가 중시되었다. 점찰법회에서도 참회가 강조되었고, 그 참회법인 '점찰예참'이 오대산신앙에서 수행법으로 자리 잡게 되었을 것이다.

그런데 오대산 남대 地藏房에서 占察禮懺이 행해졌다는 것은, 점찰법이 宿世 善惡業을 점쳐보는 목적뿐 아니라 수행을 위한 懺悔法으로도 활용되었음을 보여준다. 그러나 오대산신앙의 독경과 예참은 국가나 왕실에서 인정한 복전승들에 의해 실시되고 있었는데, 수행법으로서 점찰예참이 일반적인 점찰법회에서도 활용되었을까?

비록 후대이긴 하지만 중국 거주 신라인들은 赤山法華院에서 겨울과 여름에 불경 강회를 열었고, 이 법회에서 독경과 예참의 모습을 찾아볼 수 있다.

> 5. (11월 16일) 山院은 이날부터 『法華經』을 강의한다. 내년 정월 15일을 한정된 기간으로 삼는다. … 男女道俗 할 것 없이 같은 사원에 모여 낮에는 강의를 듣고 밤에는 禮佛 懺悔하고 聽經하

86

며 차례차례로 이어간다. 僧侶와 俗人 등 그 수는 40여 명이다. 그 講經과 禮懺방법은 모두 신라의 방식에 의하여 행하였다. 다만 저녁과 이른 아침 두 차례의 禮懺은 또한 唐風에 의하여 행하였고 그 나머지는 모두 신라의 말과 음으로 하였다.[27)]

赤山法華院에서는 여름에는 8권『금광명경』을 강의하고, 겨울에는『법화경』을 강설하였다고 한다.[28)] 위 기록은 開城 4년(839) 겨울의『法華經』講經 모습으로, 11월 16일부터 다음해 1월 15일까지 진행된 강경의식에 남녀도속 40명이 참여하여 낮에 講經하고 밤에는 예불과 참회를 이어갔다고 한다. 이러한 儀式은 오대산신앙의 수행법과 크게 다르지 않다. 더욱이 강경과 예참 방법이 신라 방식을 따르고 있었다고 하고, 여전히 8권『금광명경』을 강경했다는 점 등에서 이러한 독경 혹은 강경과 예참이 신라의 불교의식으로 자리 잡고 있었음을 확인할 수 있다. 그렇다면 점찰예참과 같은 참회법 또한 점찰법회와 같은 불교의식에서 실시되었을 가능성이 높다.

뿐만 아니라 오대산신앙은 각 대에 社를 결성하고 있었는데, 이후 점찰법회도 結社와 같은 공동체적 수행과 연관될 가능성을

---

27) 圓仁,『入唐求法巡禮行記』卷2, 11월16일, "山院起首講法華經 限來年正月十五日 爲其期 十方衆僧 及有緣施主 皆來會見 … 男女道俗 同集院裏 白日聽講 夜頭禮懺聽經及次第 僧等其數卅來人也 其講經禮懺 皆據新羅風俗 但黃昏寅朝二時禮懺 且依唐風 自餘幷依新羅語音"(김문경 역주, 1999,『엔닌의 입당구법순례행기』, 중심, 208쪽).

28) 圓仁,『入唐求法巡禮行記』"冬夏講說 冬講法花經 夏講八卷金光明經"; 김문경 역주, 1999, 위의 책, 180쪽.

보여주고 있다.29) 후대의 자료이긴 하지만 1137년(高麗 仁宗 15)에 지은 權適의 「智異山水精社記」를 보면 彌陀念佛을 위한 萬日會에서 정기적으로 占察法이 행해졌음을 알 수 있다.

> 6. 모인 사람은 온화하고 엄숙해 잘못을 충고하고 잘한 일은 칭찬하여, 서로 자극을 받아 밤낮으로 노력하며 함께 西方에 이르기를 기약하였다. … 社에 참가한 모든 사람은 그가 생존했거나 사망함을 不問하고 이름을 새긴 것을 簡子로 삼는다. 15일마다 『占察業報經』에서 설한 바에 의하여 (이름 새긴) 간자를 꺼내놓고 輪을 던져서 善惡의 報應을 점쳤다. 점쳐서 나온 대로 善과 惡 두 개의 상자에 나누어 놓고, 惡報에 빠진 사람은 회원들이 그를 위하여 대신 懺悔하고 다시 던져서 善報를 얻게 한 후 그만둔다. 또 처음에는 善報를 얻었다가 나중에 惡報로 떨어질 것을 염려하여, 마침내 다시 1년마다 한 번씩 던져 占을 쳐서 만일 다시 떨어져 버린다면 곧 처음과 같이 대신 懺悔한다.30)

이 水精社는 서방 극락왕생을 목표로 하는 사람들이 모인 結社인데, 여기서 보름에 한 번 『占察經』에 의거한 점찰법을 시행했다

---

29) 韓普光, 1991, 「한국불교에 있어서 지장의례의 역할」『현대사회에 있어서 지장신앙의 재조명』, 운주사, 90쪽.

30) 權適, 「智異山水精社記」『東文選』卷64, “一會之衆 雝雝然肅肅然 訶非揚善 互相激發 晝夜苦倒 共期西方 … 凡與於入社者 無問存亡 刻名爲簡 每値半月 依占察業報經說 出簡擲輪 占善惡之報 以所得善惡 分爲兩函 其陷惡報者 會衆爲之代懺 還復擲輪 得善報乃已 又慮其有初得善報而後墮惡報 乃復於每年 一擲輪以占之 如或顚墜 則復代懺如初”.

88

고 한다. 위 기록에 의하면 社에 참가한 사람들의 善惡報를 점쳐 惡報를 얻은 자를 위해 함께 懺悔를 하는데 善報를 얻을 때까지 하였다고 한다. 그러므로 이 결사에서 점찰법을 행한 이유는 善報, 즉 西方往生이라는 果報를 확인하기 위한 것이었다고 생각된다. 만일회에 참가한 사람들은 서방왕생을 목표로 諷經·念佛·坐禪·修慧 등 자신에게 맞는 방법으로 수행하였다. 자신의 이러한 수행으로 인해 과연 참회가 되었는지, 그 참회로 인해 서방왕생할 수 있는지 확인하고자 점찰법을 시행했을 것으로 생각된다. 신라 정토사상가인 玄一, 元曉, 義寂이 五逆者 등에 대해 왕생을 허용하는 개방성을 보인 것도 모두 懺悔에 중점을 두고 있었기 때문이다.[31]

이처럼 점찰법은 懺悔에 의한 자신이 지은 죄의 소멸 여부, 자기가 실천하고 있는 수행의 타당성, 나아가 그에 따른 果報에 대한 의문과 궁금증을 해결하는 데 도움이 되었을 것이다. 이에 참회를 위한 점찰예참이 강조되어 독립적으로 실시될 수도 있었고, '結社'와 같은 신앙을 위한 모임에서도 점찰법이 시행될 수 있었다. 그러므로 예참과 결사가 결합된 오대산신앙 속에 점찰예참이 포함되어 있었던 것이며, 이는 곧 통일 이후 신라 점찰법의 변화 양상을 보여준다.

---

31) 정병삼, 2004, 「7세기 후반 신라불교의 사상적 경향」『불교학연구』 9, 157쪽.

3. 오대산신앙의 성립과 목적

그렇다면 독경과 예참의 수행을 강조하는 오대산신앙은 왜, 어떻게 성립되었을까? 앞서 언급한 바와 같이 보천·효명 두 태자의 수행에서 시작되었다. 오대산사적에 등장한 寶川, 孝明, 정신대왕 등은 『三國史記』를 비롯한 다른 기록에서는 그 이름을 찾아볼 수 없다.

『삼국유사』의 「臺山五萬眞身」과 「溟州五臺山寶叱徒太子傳記」에 의하면 두 태자가 입산한 때가 각각 '太和元年 戊申 8월초'와 '太和元年 8월 5일'이었다고 한다.32) 이 태화원년은 진덕여왕 원년인 647년 혹은 唐 文宗 827년에 해당한다. 그런데 647년과 827년은 모두 丁未年으로 「대산오만진신」에서 말한 '戊申年'이 아니다.

다만 오대산사적의 내용이 왕위계승의 문제를 담고 있다고 할 때, 가장 주목되는 부분은 '國人'에 의한 추대라 할 수 있다.33) 신라 통일기 무열왕계 왕권이 성립된 후 왕위계승은 長子相續을 기본으로 '太子' 책봉을 거쳐 이루어졌다. 왕위쟁탈전이 치열했던 下代의 경우도 쿠데타에 의한 왕위계승이 아닌 경우에는 '太子' 책봉에 의해 왕위가 계승되었다. 그러므로 國人의 추대에 의한 왕위계승은 매우 특이한 경우라 할 수 있으며, 신라 통일기에

---

32) 『三國遺事』 卷3 塔像4 臺山五萬眞身, "古記云 太和元年戊申八月初 王隱山中"；『三國遺事』 卷3 塔像4 溟州五臺山寶叱徒太子傳記, "太和元年八月五日 兄弟同隱入五臺山".

33) 金英美, 1988, 「聖德王代 專制王權에 대한 一考察 － 甘山寺 彌勒像·阿彌陀像銘文과 관련하여」 『梨大史苑』 22·23.

90

'國人'의 추대에 의한 왕위계승이 이루어진 것은 딱 2회로, 702년
聖德王의 즉위와 912년 神德王의 즉위사례 뿐이다.[34] 성덕왕이
즉위 4년에 오대산에 진여원을 개창했다는 사실로 보아,[35] 오대
산사적에 보이는 효명은 성덕왕으로 볼 수 있겠다. 오대산사적에
서는 정신대왕과 그 동생이 왕위다툼을 벌이고 있었다고 하지만,
성덕왕은 효소왕의 同母弟로, 효소왕이 6세에 즉위해 16세의 어린
나이에 사망하면서 후손이 없어 동생인 성덕왕을 국인이 추대하
여 왕위를 잇도록 하였다. 이 과정이 순탄하지 않았기 때문에
오대산사적과 같은 이야기가 전해진 것이 아닐까.

　　효소왕 말년에서 성덕왕 즉위까지의 정치세력의 변화에 주목
해 보면, 그 변화의 중심에 金順元이 위치하고 있었다.[36]

　　7-① 효소왕 7년(698) 中侍 幢元이 늙어서 물러나자 大阿飡 順元을
　　　　中侍로 삼았다.[37]
　　7-② 효소왕 9年(700) 夏5月 伊飡 慶永이 반역을 도모하다가 죽임을

---

34) 『三國史記』 卷8 新羅本紀8 聖德王 즉위년, "神文王第二子 孝昭同母弟也
　　孝昭王薨 無子 國人立之" ; 『三國史記』 卷12 新羅本紀12 神德王 즉위년,
　　"孝恭王薨 無子 爲國人推戴 卽位".

35) 『三國遺事』 卷3 塔像4 臺山五萬眞身, "神龍元年(705)乙巳 三月初四日 始改
　　創眞如院".

36) 慶永의 반란은 효소왕 세력을 제거하고자 일으킨 난으로, 이에 연루된
　　김순원은 친효소왕 인물로 보기 어려우며, 김순원이 中侍로 등장하는
　　것이 바로 反효소왕 세력의 성장을 나타낸다고 한다(朴海鉉, 1996, 「孝昭
　　王代 貴族勢力과 王權」 『歷史學研究』 14).

37) 『三國史記』 卷8 新羅本紀8 孝昭王 7년(698), "中侍幢元退老 大阿飡 順元爲中
　　侍".

당하고 中侍 順元이 연루되어 파면되었다.[38]

7-③ 神龍 2년(706) 丙午 5월 30일 지금의 대왕(聖德王)이 佛舍利
  4과 6촌 크기의 순금 彌陀像 1軀, 無垢淨光大陀羅尼經 1권을 석탑
  제2층에 안치했다. … 寺主는 沙門 善倫이며, 蘇判 金順元·金興宗
  이 특별히 왕명을 받들었다.[39]

7-④ 聖德王 19년(720) 3월에 이찬 順元의 딸을 맞아들여 왕비로
  삼았다. … 6월에 왕비를 책봉하여 왕후로 삼았다.[40]

金順元은 698년(孝昭王 7)에 중시로 임명되면서 기록에 모습을
보이기 시작했다. 2년 후 慶永의 모반사건이 일어났고, 이 사건에
연루되어 김순원은 파면되었다. 그런데 그는 706년(聖德王 7)에
蘇判으로 그 모습을 다시 드러내고 있다. 皇福寺 석탑은 692년
돌아가신 신문왕을 위해 神睦太后와 孝昭王이 건립하였고, 이후
700년에 神睦太后가 세상을 떠나고 2년 후인 702년에 효소왕마저
승하하자 706년에 聖德王이 사리 4과와 미타상 1구, 『無垢淨光大陀
羅尼經』 1권을 이 탑 2층에 안치하였다. 이때 王命을 받들어 탑의
조성을 담당한 사람들 중에 '蘇判 金順元'이 보인다. 그는 720년(聖
德王 19)에는 자신의 딸을 왕비로 만들었다. 이렇게 볼 때 김순원은

---

38) 『三國史記』卷8 新羅本紀8 孝昭王 9년, "復以立寅月爲正 夏五月 伊飡慶永謀
  叛 伏誅 中侍順元緣坐罷免".

39) 「皇福寺金銅舍利函記」, "神龍二年丙午五月卅日 今主大王 佛舍利四 全金彌
  陀像六寸一軀 無垢淨光大陀羅尼經一卷 安置石塔第二層 … 寺主沙門善輪
  蘇判金順元金興宗 特奉敎旨 …"(韓國古代社會硏究所 編, 1992, 『譯註 韓國
  古代金石文』Ⅲ, 가락국사적개발연구원, 347~348쪽).

40) 『三國史記』卷8 新羅本紀8 聖德王 19년, "三月 納伊飡順元之女爲王妃 …
  六月 冊王妃爲王后".

92

孝昭王 9년에 慶永의 모반사건으로 파면되긴 했지만, 聖德王 초에
는 이미 권력자로 다시 자리 잡고 있음을 알 수 있다. 그렇다면
성덕왕을 추대한 세력으로 김순원의 세력을 꼽을 수 있지 않을까.
김순원의 中侍 임명(698)과 慶永의 모반 사건(700) 사이에 일어난
일련의 사건을 보면,

> 8. 孝昭王 8년(699) 春2月 흰 기운이 하늘에 뻗치고 살별이 동쪽에
> 나타났다. … 秋7月 東海 물이 핏빛으로 변했다가 5일만에 원래
> 대로 돌아왔다. 9월에 동해 물이 서로 맞부딪쳐 그 소리가
> 王都에까지 들렸다. 병기고 속의 북과 뿔피리가 저절로 소리를
> 냈다.[41]

이 사건들은 불길한 조짐으로 이듬해 동왕 9년에 발생하는
경영 모반의 전조로 보기도 하는데, 어쨌든 모두 동쪽, 동해와
관련이 있다.[42] 그런데 효소왕 즉위년에 있었던 夫禮郎의 실종
또한 이 동해 지역과 밀접한 관계가 있다.

------

41) 『三國史記』卷8 新羅本紀8 孝昭王 8년, “春二月 白氣竟天 星孛于東 遣使朝唐
貢方物 秋七月 東海水血色 五日復舊 九月 東海水戰 聲聞王都 兵庫中鼓角自
鳴”.

42) 효소왕 8년 9월의 兵庫 내 고각이 울렸다는 사실이 진골귀족세력에
의한 군사적 움직임을 말해 주는 것으로, 동왕 9년의 경영의 모반사건이
바로 그것이라고 한다. 또한 동왕 8년의 동해를 중심으로 여러 변고가
일어나는 것을 ‘일본과의 외교문제’와 관련시켜 보았다. 즉 효소왕대
왕당파의 대당외교를 견제하고자 진골귀족이 대일외교를 추진한 것으
로 추측하기도 하였다(金壽泰, 1991, 「新羅 孝昭王代 眞骨貴族의 動向」
『國史館論叢』 24, 110쪽).

9. 天授 3年(692) 壬辰 9월 7일 孝昭王은 大玄 薩喰의 아들 夫禮郎을
받들어 國仙으로 삼았다. 낭도가 천 명인데 安常과 더욱 친했다.
천수 4년 癸巳 늦은 봄에 무리를 거느리고 金蘭으로 출유하여
北溟의 경계에 이르러 狄賊에게 붙잡혀 갔다. … 이때 상서로운
구름이 天尊庫를 덮었다. 왕이 또 놀라 사람을 시켜 조사해보니
창고 안에 있던 거문고와 피리 두 보물이 없어졌다.[43)]

夫禮郎이 金蘭으로 出遊했다가 '北溟之境'에 이르러 狄賊에게
붙잡혔다고 하는데, 금란은 현재 강원도 통천이며, 특히 北溟之境
이란 溟州 북쪽의 경계를 말하므로 광의로는 원산만 이남의 동해
안 일대로 볼 수 있겠다.[44)] 國仙 夫禮郎의 실종은 곧 만파식적의
분실로 이어져 왕위 계승의 불안한 분위기를 보여주었다. 마찬가
지로 孝昭王 말년에 동해 쪽에서 불길한 조짐이 나타나고 있다는
것도 왕권의 위기를 말하고 있다고 하겠다. 효소왕의 즉위년과
말년의 기사에서 왕의 정치세력에 反하는 세력이 동해안, 즉
溟州 일대를 기반으로 삼고 있었음을 짐작해 볼 수 있다. 그렇다면
逆으로 이 溟州 일대를 기반으로 하는 세력이 곧 聖德王 추대
세력으로 볼 수 있지 않을까.[45)]

---

43) 『三國遺事』卷3 塔像4 栢栗寺, "天授三年壬辰九月七日 孝昭王奉大玄薩喰之
   子夫禮郎爲國仙 珠履千徒 親安常尤甚 天授四年癸巳暮春之月 領徒遊金蘭
   到北溟之境 被狄賊所掠而去 … 時有瑞雲覆天尊庫 王又震懼使檢之 庫內失
   琴笛二寶".

44) 溟州의 北으로 보아 강원도 통천 혹은 고성 일대로 비정하기도 한다(辛鍾
   遠, 1982, 「高城郡地域 鄕土文化 調査報告－歷史部門」『江原文化研究』
   2, 83~86쪽).

10-① 14년(715) 6월 크게 가물어 왕이 河西州 龍鳴嶽의 거사 理曉를 불러 林泉寺 못 가에서 비 내려주기를 빌게 하였더니, 곧 비가 열흘 동안 내렸다.[46]

10-② 15년(716) 하6월 가물었으므로 또 거사 理曉를 불러 비 내려주기를 빌도록 하니 비가 왔다.[47]

聖德王代는 자연재해와 기근에 관한 기사가 많은데, 同王 4년 이후 매년 발생하는 재해로 인해 大赦, 賑恤, 祈雨祭가 해결책으로 행해졌다. 위의 기록도 그중의 하나로, 계속되는 가뭄을 해결하고자 거사 理曉를 불러 기우제를 지낸 결과 비가 내렸다는 내용이다. 理曉는 同王 14·15년 연이어 기우제를 主祭하였을 뿐만 아니라 기우제 관련 『三國史記』 사료에서 그 主祭者의 이름이 나오는 경우는 理曉뿐이므로,[48] 그가 당시 중요한 인물로 주목받고 있었음을 알 수 있다. 그런데 여기서 주목되는 것은 이효가 왕경인이 아닌 河西州人이라는 점으로, 하서주는 곧 溟州로 지금의 강릉지역을 말한다. 앞에서도 언급한 바와 같이 孝昭王 말년에는 이 지역에서 여러 가지 변고가 발생했는데, 이에 반해 聖德王代에는 가뭄이라는 대재해를 해결하기 위해 이 지역의 居士를 초청해

---

45) 辛鍾遠, 1987, 「新羅五臺山事蹟과 聖德王의 卽位背景」 『崔永禧先生華甲紀念 韓國史學論叢』.

46) 『三國史記』 卷8 新羅本紀8 聖德王 14년, "六月 大旱 王召河西州龍鳴嶽居士 理曉 祈雨於林泉寺池上 卽雨浹旬".

47) 『三國史記』 卷8 新羅本紀8 聖德王 15년, "夏六月 旱 又召居士理曉祈禱 則雨".

48) 辛鍾遠, 1987, 앞의 논문, 118쪽.

기우제를 지내고 있는 것이다. 그러므로 하서주가 성덕왕, 혹은 그의 정치세력과 밀접하게 연계되었다고 볼 수 있겠다.

오대산사적에 의하면 寶川과 孝明 두 태자가 河西府 世獻角干의 집에서 하루를 묵고 오대산으로 들어갔다고 하는데, 세헌은 이 지역에서 독자적 세력을 가진 진골이었다고 볼 수 있으며, 두 태자가 오대산에서 수행할 때 도움을 주지 않았을까 한다. 두 태자가 얼마나 오대산에 머물렀는지 알 수는 없지만, 이들이 오대산에 머무르면서 이 지역의 주요세력들과 제휴했을 가능성은 충분하다.

이처럼 성덕왕 즉위와 통치에 오대산과 명주 일대의 세력이 크게 기여했기 때문에 성덕왕은 오대산에 진여원을 두었던 것이다. 寶川 또한 산중에서 행할 국가에 도움이 될 만한 일로 이 오대산신앙을 기록으로 남겼다. 보천은 자신이 머물며 수도한 곳을 華藏寺로 改創하여 五臺社의 本寺로 삼아 淨行한 福田僧에게 명하여 길이 香花를 받들게 하면 '국왕은 千秋를 누리고, 백성은 평안하고, 文武는 화평하며, 百穀이 풍요할' 것이라고 했는데, 이것이 바로 국가에 도움이 되는 것의 구체적 내용이다. 그러므로 성덕왕이 진여원을 세우고 승려 5명을 안치했고, 보천도 앞의 <표 1>에서 보듯이 오대에 각각 5~7명의 복전승을 두고 그들로 하여금 '社'를 구성하여 '국가와 왕실을 위한' 의식을 행하도록 한 것이다. 즉 오대산신앙에 보이는 독경과 예참이라는 수행법은 승려들에게 요구되었다. 때문에 각 대에서의 경전과 불·보살명은 다를지라도 예참의 방식은 유사했을 것이다. 여기에 점찰예참이 포함되었다는 것은 점찰법회가 국가적 행사에 편입될 정도로 신라사회에 널리 퍼져있었다는 것을 의미한다.

앞의 <표 1>을 보면 오대산신앙 속에는 관음·지장·미타신앙과 열반·화엄·법화사상 등 당시 신라불교의 사상과 신앙이 총망라되어 있다. 왕실과 국가를 위한 수행처로서 당연한 모습이라 하겠다. 그런데 일찍부터 왕실과 귀족들이 신봉해 왔던 미륵보살은 보이지 않고, 대신에 그동안 언급되지 않았던 '지장보살'이 등장하고 있다. 그 이유가 무엇일까?

4. 오대산 地藏房의 점찰예참과 지장신앙

남대 地藏房은 房의 이름도 그렇지만, 지장보살상을 안치하고 八大菩薩과 1만 지장보살상을 그려놓고 『地藏經』을 읽었다는 것에서 오대산신앙 속에 지장신앙이 자리 잡고 있었음을 보여준다. 거기다 점찰예참도 실시했는데, 『점찰경』을 비롯하여 『地藏菩薩本願經』(이하 『地藏本願經』), 『佛說大乘大集地藏十輪經』(이하 『十輪經』)을 地藏3부경이라 하였다. 이중 『십륜경』과 『지장본원경』에 주로 지장보살의 사상과 원력이 설해져 있어 지장신앙의 중심 경전으로 꼽힌다.

지장방에서 낮에 『地藏經』을 읽었다고 하는데, 일반적으로 『지장경』은 『지장본원경』을 가리킨다. 『지장본원경』은 唐의 實叉難陀(652~710)가 漢譯하였다. 그가 중국에 와서 80卷 『華嚴經』을 譯經하기 시작한 때가 695년이므로 이 경의 번역은 이보다 후에 이루어졌을 것이고,49) 그렇다면 시기적으로 신라 오대산신앙 속에 자리 잡기는 어렵지 않았을까 한다. 예컨대 東臺의 독경 목록에 보이는 8권『金光明經』의 경우, 703년 義淨이 번역한『金光明最勝王經』10권이 그 다음 해인 704년에 唐에 사신으로 갔던 김사양에 의해 신라에 전해졌지만,50) 오대산신앙에는 8권본이 여전히 讀經되고 있었다. 중국에서 漢譯된 후 곧바로 신라사회에 전해졌다고 해도 의식·의례 속에 자리 잡기까지는 시간이 필요했던 것이다. 그러므로 이『지장경』을『본원경』으로 보기는 어렵겠다. 한편 점찰예참과 관련해서 본다면 이『地藏經』을『占察經』으로 볼 수도 있겠으나 이미 이 경에 의거한 점찰법회가 행해지고 있는 상황에서 굳이 經名을 달리 불렀을 가능성은 없다고 생각한다.

그렇다면『지장경』은『十輪經』을 가리키는 것으로 볼 수 있지 않을까.『십륜경』에는 北凉(397~439)때 번역되었으나 譯經者를 알 수 없는 8권『大方廣十輪經』이 있고, 이를 唐의 玄奘이 651년에 다시 번역한 10권『大乘大集地藏十輪經』이 있다. 이 두 경은 卷數와 品數가 다르긴 하지만 내용상에는 큰 차이가 없다. 이『十輪經』에 의하면 지장보살이 남쪽으로부터 왔다는 표현51)이 있어, 지장보

---

49) 金煐泰, 1991,「地藏信仰의 전래와 수용」『현대사회에 있어서 지장신앙의 재조명』, 운주사.

50)『三國史記』卷8 新羅本紀8 聖德王 3년, “三月 入唐 金思讓迴 獻最勝王經”.

51)『大方廣十輪經』卷1 序品 ;『大正新修大藏經』卷13, p.682a, “佛復讚歎地藏菩薩言 汝從南方來 八十頻婆百千那由他菩薩以神通力俱來至此” ;『大乘大集地藏十輪經』;『大正新修大藏經』卷13, p.722b, “爾時地藏菩薩摩訶薩 與

살의 주처를 南方으로 인식하고 있었음을 알 수 있다. 오대산의 南臺에 지장방을 둔 것도 이 경전에 근거한 것으로 볼 수 있는데,[52] 8권『十輪經』과 10권『十輪經』중 어느 경전을 중심 경전으로 삼았는지 명확하지 않다. 다만 일찍이 원광의 점찰보에 영향을 끼친 삼계교에서『대방광십륜경』을 중시하고 있었으므로, 그 영향을 받지 않았을까 추측된다.[53]

『十輪經』은 지장보살에게 五濁惡世에서 惡業을 멸하고 중생을 제도할 수 있는 방법으로 여래의 十輪을 들고, 이를 灌頂王의 治國王道로서 10輪에 비유하여 설명하고 있다. 여기서 지장보살은 '중생을 성숙시키고자 능히 견고한 大悲伏藏을 발하므로' 오탁악세에서 번뇌와 죄업으로 고통을 받는 중생을 제도하여 해탈케 하는 보살이라고 한다. 그리고 지장보살의 공덕에 대해 말하길, 지장보살은 삼매의 위엄과 신비한 힘이 있어 국토에 疾疫劫과 饑饉劫이 일어나면 이를 모두 소멸시켜 준다고 한다. 나아가 중생을 성숙케 하는데, 예컨대 갖가지 고뇌·배고픔·목마름으로 절박

八十百千那庾多頻跋羅菩薩 以神通力現聲聞像 從南方來至佛前住".

52) 인도인의 세계관에서는 수미산을 중심으로 하는 4대주 가운데 인간이 사는 남쪽 세계를 남염부제라 하는데, 인간이 사는 남방을 교화하는 주인을 지장보살이라 했다고 한다(채인환, 1991,「지장보살의 사상과 원력」『현대사회에 있어서 지장신앙의 재조명』, 운주사, 27쪽).

53)『대방광십륜경』은 말법사상을 담고 있으므로, 원광은 이 경이 아닌 『점찰경』을 가지고 왔다고 보기도 한다(조용헌, 2000,「한국 지장신앙의 특징 – 미륵신앙과의 관련을 중심으로 –」『인문학연구』1, 원광대). 그러나 앞서 살펴본 바 당시『점찰경』유포가 금지되었기 때문에 이를 가져올 수 없었을 것이며, 오히려 삼계교의 영향을 받은 바『십륜경』을 가져왔을 가능성이 크다고 여겨진다.

할 때 지장보살을 부르면 음식이 풍족해져 모든 고뇌가 없어지고,
의복과 보관과 영락이 모자라거나 병든 이가 약과 갖가지 도구
등이 모자라더라도 지장보살의 이름을 부르면 원하는 대로 모두
충족된다고 한다. 이 외에 형벌이나 화재·홍수 등의 갖가지 고통
과 어려움을 해결해 준다고 한다.[54] 그러므로 彌勒·文殊·觀音·普
賢 등 대보살에게 禮敬·供養하는 것보다 지장보살을 예배공양하
는 것이 원하는 바를 얻을 수 있는 방법이라고[55] 이 경에서는
설하고 있다.

이러한 지장보살의 공덕을 보면 지장신앙은 매우 현세이익적
이다.[56] 오대산신앙 속에 觀音房과 地藏房이 두어진 것도 이들
신앙이 가진 현세이익적 성격 때문이라고 생각한다. 신라 中代에
는 자연재해와 기근이 어느 때보다 심했기 때문에 이러한 현세의
고통을 덜어주는 공덕을 가진 신앙이 보다 요구되었을 것이다.

또한 10권 『十輪經』에 의하면 地藏을 外護하는 觀頂대왕에게
三輪이 있는데, 그 첫째는 帝王建立으로 상대방 군사를 항복받는
힘이며, 둘째는 田宅建立으로 농사가 순조롭고 음식이 풍부해지

---

54) 『大方廣十輪經』 卷1 序品 ; 『大正新修大藏經』 卷13, pp.683c~684c.

55) 『大方廣十輪經』 卷1 序品 ; 『大正新修大藏經』 卷13, p.685a, "善男子 彌勒·
文殊·觀世音·普賢等而爲上首 如是等恒河沙諸大菩薩 若人於百劫中 禮敬供
養欲求所願 不如於一食頃禮拜供養地藏菩薩 功德甚多所願速得皆悉滿足".

56) 圓光 이후 기반을 닦아 眞表에 의해 점찰법회 형태로 정착한 신라의
지장신앙을 현세이익이나 求福的 경향을 가졌다고 본다(吳良美, 1999,
「韓日地藏信仰의 類型 比較硏究」『實學思想硏究』13 ; 韓普光, 1991, 「한
국불교에 있어서 지장의례의 역할」『현대사회에 있어서 지장신앙의
재조명』, 운주사, 78~79쪽).

며, 마지막 셋째는 財寶建立으로 공업·상업이 순조롭고 온갖 즐거움이 구비된다고 하였다.[57) 이러한 國泰民安을 기원하는 모습에서도 지장신앙의 현세이익적인 성격을 찾아볼 수 있다.[58)

앞서 언급한 바와 같이 寶川은 오대산 각 臺에서 讀經과 禮懺을 하면 "국왕은 千秋를 누리고, 백성은 평안하고, 文武는 화평하며, 百穀이 풍요할 것이다"라 하여 오대산신앙을 邦家補益的·國泰民安的 호국신앙으로 삼았다.[59) 그러므로 현세이익적 지장신앙을 바탕으로 南臺에서 『地藏經』을 읽고, 점찰예참을 하는 것은 寶川이 오대산신앙을 체계화한 목적과 부합하는 것이었다.

국가적 신앙인 오대산신앙에 지장방이 두어지고, 그곳에 지장보살상뿐 아니라 『지장경』의 독경과 수행법으로 점찰예참이 행해졌다는 것은 당시 신라사회에 지장신앙이 유행하고 있었음을 의미한다.『지장경』과 점찰예참을 보건대 지장신앙의 유행에는 점찰법회가 크게 기여했음을 짐작할 수 있다.

지장보살은 인도 바라문교의 여신으로서 '地母神'에서 기원하여 일체를 포용하고 소생시키는 공덕력을 가지고 있다고 한다.[60) 원광에 의해 점찰법이 신라에 소개된 후, 같은 진평왕대 안흥사

---

57)『大乘大集地藏十輪經』卷2 ;『大正新修大藏經』卷13, p.730a, "何等名爲三種業輪 一者建立帝王業輪 謂善敎習軍陣鬥戰 降他兵衆撫育人民 二者建立田宅業輪 謂善敎習造舍營農 令得安隱飮食充足 三者建立財寶業輪 謂善敎習工商雜藝 令得種種珍玩資財隨意受用增諸快樂".

58) 鄭炳朝, 1982, 앞의 논문, 333쪽.

59) 金煐泰, 1991, 앞의 논문, 50쪽.

60) 眞鍋廣濟, 1960,『地藏菩薩の研究』, 三密堂, 4쪽.

비구니 지혜는 '선도산 신모'의 도움으로 佛事를 이룰 수 있었고,
이를 계기로 점찰법회를 열었다. 그렇다면 이 선도산 신모는
지장보살의 또다른 모습이지 않을까. 아직 지장보살이 잘 알려지
지 않은 상황에서 지장보살의 기원이 지모신이었던 만큼 신라에
서 지모신으로 여겨지던 선도산 신모를 지장보살 대신 내세운
것으로 볼 수 있겠다. 더욱이 지혜는 신모의 座下, 즉 땅 속에서
황금을 캐어 主尊三像을 조성했는데, 이것은 지장보살 본래의
뜻을 설화적으로 쉽게 풀이한 것이라 한다.61) 또한 도량사의
점찰법회는 사복과 그 어머니를 기리기 위한 것이었는데, 사복은
돌아가신 어머니를 안고 풀을 뽑아 땅 속 세계로 들어갔다. 연화장
세계가 '땅 속'에 구현된 것도 '地藏'의 의미를 담고 있는 것이
아닐까.

사복은 어머니의 장례를 원효에게 청했는데, 元曉의『金剛三昧
經論』에서도 지장신앙의 단면을 찾아볼 수 있다. 주지하다시피
『금강삼매경론』은『金剛三昧經』에 대한 논서로, 北凉 失譯이라는
『金剛三昧經』은 7세기 중엽 신라에 그 모습을 처음 드러냈다.62)

---

61) 신종원, 1992, 앞의 책, 226쪽. 신종원은 비구니 지혜가 조성한 主尊
3상에 지장보살도 포함되어 있었을 것이라 보았다.

62)『金剛三昧經』의 出經緣起는『宋高僧傳』卷4 唐新羅國黃龍寺沙門元曉傳(『大正
新修大藏經』卷50)에 자세히 보인다. 한편 東晋 僧 道安(312~385)이 모은
凉土異經 목록 속에『금강삼매경』1권이 들어있으나, 梁 僧佑 찬『出三藏記集』
을 비롯하여 隋代『법경록』,『언종록』과 비장방의『역대삼보기』, 唐代『道宣
錄』·『大周刊定錄』등에서는 이 경을 없어진 경전으로 취급하고 있다. 그러다
가 갑자기 唐 開元 19년(73) 智昇 찬『개원석교록』에 현존본으로 들어가
있다. 이 경의 찬술 지역에 중국에서 찬술되었다는 설(은정희, 2000,『원효의

102

이 경은 모두 8품으로 각 품마다 한 사람씩의 청법자가 등장하는
데, 제8 摠持品의 請法主로 지장보살이 등장한다.『金剛三昧經』에
보이는 請法者에 대한 호칭을 비교해 보면, 解脫보살이나 心王보
살 등에 대해서는 '선남자' 혹은 '보살'이라 하고, 사리불과 아난
도 '선남자', 그리고 梵行長者에게는 '長者'라고 부르는 반면에
지장보살에 대해서는 '보살마하살'이라고 부르고 있다. 이는 이
경이 비록 지장신앙의 주요 경전은 아니지만 지장보살을 다른
청법자보다 높이고 있었음을 보여준다.[63] 그리고 공덕에 대해
언급하길, "이 菩薩은 不可思議하니 항상 大悲로 중생의 고통을
제거해 준다. 만일 중생이 이 경법을 지니고 이 보살의 이름을
지니면, 곧 惡趣에 떨어지지 않으며, 일체의 障難이 모두 없어질
것이다."[64]고 하였다.

이렇듯 중생의 고통을 덜어주고 악취에 떨어지는 것을 막아주
는 공덕을 지닌 존재로 지장보살을 이해하고 있었다. 선악 업을
살펴보고 악업을 제거하고 보다 나은 生을 위해 공덕을 쌓고자
하는 점찰법회와 지장보살의 공덕력은 일치한다. 그러므로 점찰
법회를 통해 지장신앙 또한 자연히 신라사회에 유포되었고, 국가

금강삼매경론』, 일지사, 9~10쪽)과 신라에서 찬술되었다는 설(金煐泰, 1988,
「신라에서 이룩된 金剛三昧經」『佛教學報』 25 ; 1991, 앞의 논문, 운주사,
46쪽)이 제기되었다.

63) 金煐泰, 1991, 앞의 논문, 90쪽.

64)『金剛三昧經』총지품 제8 ;『大正新修大藏經』卷9, p.374a, "是菩薩者 不可
思議 恒以大悲 拔衆生苦 若有衆生 持是經法 持是菩薩名 即不墮於惡趣 一切
障難 皆悉除滅".

적 신앙인 오대산신앙 속에 자리 잡게 되었다. 특히 오대산신앙은 국가와 왕실을 위한 수행처로 형성되었으며, 여기에 포함된 신앙과 사상 또한 국가보익적, 현세이익적인 성격을 띨 수밖에 없었다. 때문에 메시아적 성격을 가지는 미륵신앙은 여기 오대산신앙 속에 포함되지 않았던 것이다.[65]

지장신앙의 국가보익적 성격은 고려 太祖 때에도 찾아볼 수 있다. 즉 太祖 王建이 즉위한 이듬 해 919년에 개경으로 도읍을 옮기면서 왕성 안에 10大寺를 세우게 했는데, 여기에 地藏寺가 있었다.[66] 遷都와 동시에 王城 안에 10찰을 세웠다는 것은 그 10찰이 국가, 왕실 그리고 백성의 按撫를 기원하기 위한 목적을 담고 있는 것이다. 이 10찰 속에 地藏 이름의 사찰이 자리 잡고 있다는 것은 신라 말에 이르기까지 지장신앙이 주요 신앙으로 신봉되었음을 보여준다.[67] 더불어 이 10찰에는 지장을 비롯하여 문수와 원통, 즉 관음 사찰이 포함되어 있었는데, 이는 오대산신앙에서 중시된 보살 또는 房의 명칭과 크게 다르지 않다. 지장·관음·문수신앙이 국가와 왕실의 입장에서 국가보익적·현세이익적 신앙으로 여겨졌음을 엿볼 수 있다.

---

65) 金英美, 1994, 앞의 책, 149쪽.

66) 『三國遺事』卷1 王曆1 後高句麗 太祖, "己卯 移都松岳郡 是年 創法王·慈雲·
   王輪·內帝釋·舍那 又創大禪院卽普濟新興 文殊 圓通 地藏 (결락) 前十大寺
   皆是年所創".

67) 金煐泰, 1991, 앞의 논문, 50~51쪽.

5. 오대산신앙 속 점찰예참과 密敎

앞서 살펴본 바와 같이 오대산신앙의 특징은 독경과 예참이 수행법으로 자리 잡고 있다는 것이며, 그 속에 점찰법 또한 참회법 인 '점찰예참'으로 나타나고 있다. 이처럼 점찰법회가 '점찰예참' 으로 변화한 원인은 무엇일까?

우선 <표 1>에 보이는 오대산신앙의 구조와 수행법은 보천의 제안에 의해 이루어진 것이므로, 홀로 남아 있던 그의 수행에서 변화의 움직임을 찾아볼 수 있겠다.

> 11. 寶川은 항상 靈洞의 물을 길어 마셨으므로 만년에는 육신이 공중을 날아 流沙江 바깥 蔚珍國 掌千窟에 이르러 머무르면서 隨求陀羅尼 외우는 것을 밤낮의 일과로 삼았다.[68]

寶川의 수행 중 가장 눈에 띄는 부분이 바로 밤낮으로『隨求陀羅尼』[69]를 외웠다는 것인데, 다라니는 밀교와 관계가 깊다. 또한 문수보살이 때로 보천의 정수리에 물을 붓고 成道기별을 주었다 고 하는데, 머리에 물을 붓는 '灌頂'은 밀교에서 행하는 傳法절차 중의 하나이다. 그러므로 보천의 수행은 밀교를 바탕으로 이루어 지고 있었던 것이다.

寶川이 국가를 위해 오대산에서 해야 할 일이라고 남긴 기록을

---

68)『三國遺事』卷3 塔像4 臺山五萬眞身, "寶川常汲服其靈洞之水 故晚年肉身飛空 到流沙江外 蔚珍國掌千窟停止 誦隨求陀羅尼 日夕爲課".

69) 唐 長壽 2년(693) 寶思惟 譯,『佛說隨求卽得大自在陀羅尼神咒經』 1권.

보면 오대산신앙 속 밀교의 영향을 읽을 수 있다. <표 1>에서 밀교적 성격이 가장 잘 드러나는 곳이 동대 觀音房이다. 가장 먼저 『千手呪』가 눈에 띄는데, 이는 千手觀音에 관한 다라니로[70] 밀교적 성격의 관음신앙을 나타낸다. 천수관음에 관해서는, 景德王代 希明이라는 여인이 눈 먼 아이를 데리고 분황사 千手大悲像 앞에 가서 노래를 부르며 빌게 했더니 눈을 뜨게 되었다는 영험이 전하고 있다.[71] 이외 憬興에 얽힌 영험으로, 文武王의 유언에 따라 神文王 즉위년에 國老가 된 경흥이 갑자기 병이 들자, 南港寺 十一面觀音이 비구니로 변해 그를 웃겨 병을 낫게 했다고 한다.[72] 또 경덕왕대 조성된 石窟庵에서 十一面觀音菩薩像을 확인할 수 있으며, 현존하진 않지만 智仁과 遁倫이 각각 『十一面經疏』를 지었다고 하므로[73] 당시 십일면관음에 대한 신앙이 신라에 널리 퍼져 있었음을 알 수 있다. 신라의 관음신앙에 관한 기록은 慈藏의 출생에 얽힌 영험을 제외하면 모두 통일기의 것으로 이 시기에 크게 유행했음을 알 수 있는데, 이중 십일면관음과 천수관음에 대한 신앙이 많은 것은 당연 밀교의 영향일 것이다.

---

70) 「千眼千臂觀世音菩薩陀羅尼神呪經」(唐 貞觀연간 : 627~649, 智通 譯), 「千手千眼觀世音菩薩廣大圓滿無礙大悲心陀羅尼經」(唐 永徽연간 : 650~665, 伽梵達摩 譯), 「千手千眼觀世音菩薩姥陀羅尼身經」(唐 景龍 3년 : 709, 菩提流志 譯)이 있다.

71) 『三國遺事』 卷3 塔像4 芬皇寺千手大悲 盲兒得眼.

72) 『三國遺事』 卷5 感通7 憬興遇聖.

73) 金煐泰, 1997, 「三國의 觀音信仰」 『韓國 觀音信仰 硏究』, 동국대 불교문화연구원, 128쪽.

106

중국에서 오대산의 문수신앙이 밀교적 문수신앙으로 변모하는데 큰 역할을 담당한 것이 『佛定尊勝陀羅尼經』이다. 이 경은 佛陀波利가 天竺에서 唐의 오대산 문수보살을 친견하려 왔다가 문수보살의 화신인 노인으로부터 『존승다라니경』이 중생의 모든 惡業을 멸하게 한다는 말을 듣고 다시 천축에 가서 이 경전을 가지고 돌아와, 683년부터 중국에 유포시키기 시작하였다.[74) 신라에서 신문왕과 효소왕대 활동한 승려 惠通은 俗名이 '尊勝角干'으로 불렸다고 하는데,[75] 이 '존승'이라는 이름은 『佛定尊勝陀羅尼經』과 관련이 있어 보이므로,[76] 이 시기 이미 이 경이 신라에 들어와 있었음을 짐작할 수 있다.

12. 날마다 이른 새벽에 문수보살이 진여원에 이르러 36가지 모양으로 변신하여 나타났다. … 두 태자는 매양 골짜기의 물을 길어 차를 다려 공양하고 밤이 되면 각자 암자에서 도를 닦았다.[77]

위 기록에서 보듯이 보천과 효명 두 태자가 오대산에서 수행할 때 매번 문수보살을 공양하였고, 이후 성덕왕은 문수보살을 공양

74) 『宋高僧傳』 卷2 唐五臺山佛陀波利傳 ; 엔닌 저, 김문경 역, 1999, 『엔닌의 입당구법순례행기』, 중심, 295쪽.

75) 『三國遺事』 卷5 神呪6 惠通降龍.

76) 呂聖九, 1992, 「惠通의 生涯와 思想」『擇窩許善道先生停年紀念, 韓國史學論叢』, 一潮閣, 38~42쪽.

77) 『三國遺事』 卷3 塔像4 臺山五萬眞身.

하던 곳에 '진여원'을 설치하였다. 그런 즉, 신라 오대산신앙도 문수신앙에 기반한 것으로 『존승다라니경』의 영향을 생각해 볼 수 있겠다. 오대산신앙의 중심인 中臺 眞如院에 비로자나불의 화상을 그려놓고 있지만, 文殊不動像을 안치하고 文殊禮懺이 거론된 점에서 문수신앙이 중심이었음을 알 수 있다. 중국에서 오대산신앙은 『華嚴經』 보살주처품과 『文殊舍利法寶藏陀羅尼經』[78]의 교설을 교학적 근거로 삼았다고 하는데,[79] 진여원에 문수보살상과 비로자나불 화상을 함께 봉안하고, 寶川이 자신이 머물던 寶川庵을 華藏寺로 바꾸어 비로자나불을 봉안함과 동시에 下院으로 文殊岬寺를 두었던 점에서도 오대산은 문수신앙을 바탕으로 한 것이라 볼 수 있다. 물론 이 시기 문수신앙은 밀교화된 문수신앙이다.

한편 700년(聖曆 3)에 신라승려 明曉는 귀국에 앞서 李無陷에게 『不空羂索陀羅尼經』의 번역을 청했다 한다.[80] 『不空羂索陀羅尼經』은 중기밀교, 즉 순밀 경전인 『大日經』과 『金剛頂經』의 사상을 계승하여 성립된 밀교경전이다. 그러므로 700년경 신라에 새로운 밀교사상, 즉 순밀이 수용되었음을 알 수 있다. 이에 오대산신앙이 이러한 순밀의 영향을 받은 것으로 보기도 한다. 무엇보다 동서남북·중앙의 5방이라는 오대산신앙의 구조는 밀교의 만다라적 도

---

78) 『文殊舍利法寶藏陀羅尼經』 ; 『大正新修大藏經』 卷20, 791c, "爾時世尊復告 金剛密迹主菩薩言 我滅度後 此贍部洲東北方 有國名大振那 其國中有山 號 日五頂 文殊師利童子遊行居住 爲諸衆生於中說法".

79) 徐閏吉, 1994, 「新羅의 密教」 『한국밀교사상사연구』, 불광출판부, 98쪽.

80) 『開元釋敎錄』 卷9 ; 『大正新修大藏經』 卷55, p.566a/ 徐閏吉, 1994, 『韓國密敎思想史硏究』, 불광출판부, 72~73쪽 재인용.

상,[81] 특히 금강계만다라와 유사하다. 금강계만다라에서는 중앙에 비로자나불을 중심으로 동서남북에 각각 阿閦佛, 무량수불 또는 관자재왕, 寶生佛, 不空成就佛[석가불] 4佛을 배치하는 등 모두 37尊을 배치한다. 앞의 <표 1>에서 보듯이 신라 오대산신앙에서 각 방위에 두어진 福田도 모두 37員으로 그 수가 금강계만다라와 일치한다는 점을 들고 있다.[82]

그러나 신라 오대산신앙에서는 관음보살과 지장보살이 각각 東臺와 南臺에 위치하여 불·보살이 공존하는 구조이며, 이러한 배치는 어느 경전에서도 찾아볼 수 없다. 뿐만 아니라 만다라 도상에 체계적인 의례를 조직하여 새로운 밀교체계를 성립한 善無畏(637~735)는 716년(開元 4)에 입당하여 724년에 『대일경』을 번역하였고, 金剛智도 720년에 『금강정경』을 번역했는데, 신라 오대산신앙은 705년(성덕왕 4)에 眞如院을 설치함으로써 5방의 구조를 갖추기 시작했으므로[83] 이 새로운 밀교의 영향으로 보기

---

81) 각 臺에 두어진 福田의 수가 37인 점, 또는 中臺에 비로자나불을 두고 36化形을 배치한 구조가 금강계만다라의 37존과 일치한다고 하여 금강계만다라에 기초한 것으로 본다(李淑姬, 2002, 「統一新羅時代 五方佛의 圖像 研究」『美術史研究』16). 혹은 37원은 의림에 의해 수용된 金·胎不二의 비로자나여래삼십칠존만다라의 상징적 투영으로 이해하기도 한다(徐閏吉, 1994, 앞의 논문). 반면에 오대산신앙은 『華嚴經』의 보살주처품에 기본 골격을 두고 거기에 예참·5방사상까지 더해 밀교적 영향이 가미된 신앙체계를 형성한 것으로 보기도 한다(鄭炳三, 1982, 「統一新羅 觀音信仰」『韓國史論』8, 서울대 국사학과, 47~49쪽).

82) 徐閏吉, 1994, 앞의 책, 139쪽.

83) 서윤길, 1979, 「신라의 밀교사상」『한국철학연구』9 ; 박미선, 2007, 「신라 오대산신앙의 성립시기」『한국사상사학』28.

에는 시기적으로 맞지 않다.

오히려 5방불의 구조는『金光明經』의 4方佛에서 그 유래를 찾을 수 있겠다. 특히 이 경에서는 동에 阿閦佛, 남에 寶相佛, 서에 무량수불, 북에 微妙聲佛의 四方佛을 언급하고 있다.『金光明經』은 일찍이 明朗이 唐軍을 물리치고자 실시한 문두루비법의 사상적 근거가 되기도 했다.[84] 문두루법은『관정경』권7「관정복마봉인 대신주경」에 입각한 것이었으나, 이 비법을 행하기 위한 장소, 즉 사천왕사 창건은 이 경에 언급되어 있지 않다. 다만『금광명경』 「사천왕품」에 왕과 인민을 원적·기근·질병·고난 등으로부터 수 호한다는 내용이 있어 이를 참고로 사천왕사 건립을 추진한 것으 로 보인다.[85]

『금광명경』에서 왕과 인민의 수호를 언급했듯이, 신라 오대산 신앙도 "국왕은 천추를 누리고, 백성은 평안하고, 문무는 화평하 며, 백곡이 풍요할 것"을 목적으로 한다. 뿐만 아니라 703년 義淨이 번역한『금광명최승왕경』 10권이 그 다음 해인 704년에 바로 신라에 전해졌으나[86] 신라 오대산신앙에서는 여전히 8권『금광

---

84)『三國遺事』卷5 神呪6 明朗神印.

85) 高翊晋, 1997,「新羅密敎의 思想內容과 展開樣相」『韓國密敎思想』, 동국대 불교문화연구원 ; 曺元榮, 1999,「新羅 中古期 佛敎의 密敎的 性格과『藥師 經』」『釜大史學』23.『관정경』에 사천왕이 문두루법을 보좌하겠다는 다짐을 하고 있어 명랑의 사천왕사 건립제안은『관정경』에 의한 것으로 보기도 한다(옥나영, 2007,「『관정경』과 7세기 신라 밀교」『역사와 현실』63, 268쪽 주)66).

86)『三國史記』卷8 新羅本紀8 聖德王 3년.

110

명경』을 독경의 대상으로 삼았다. 이런 점에서 볼 때 명랑이 활용했던『금광명경』이 오대산신앙의 성립에 영향을 주지 않았을까 한다. 즉 명랑의 문두루비법에서『관정경』과 함께『금광명경』의「사천왕품」이 주목되기 시작했고, 국가 수호를 위한「사천왕품」의 4방불 개념을 근거로 당시 신라인들에게 널리 신앙되고 있던 불·보살을 배치함으로써 신라 오대산신앙의 독특한 구조를 형성한 것이 아닌가 한다.[87]

이처럼 신라 오대산신앙은 문수신앙을 기반으로 '밀교'가 결합하면서 당시 신라사회에서 널리 신앙되던 불·보살을 배치하고 독경과 예참의 수행법을 갖추게 되었다. 그 속에 점찰예참이 포함되어 있었다는 것은 밀교가 강조하는 의례·의식적인 측면이 점찰법회에도 나타날 수 있음을 시사한다.

6. 興輪寺 六輪會와 점찰법회의 변화

한편 흥륜사에서도 점찰법회의 변화가 나타나고 있었다.

13. 모량리의 빈녀 慶祖는 아들 大城과 함께 복안의 집에서 품팔이

---

87) 삼국시대 사방불의 수용은『금광명경』이나『관불삼매해경』의 영향을 받았을 것으로 보이나 실제로 배치된 사방불은 경전에 의거하기 보다는 당시 널리 신앙되었던 불상을 표현하는 경향이 강했으며, 사방을 수호하고 영토를 확장한다는 기복적·현세적 성격을 띠고 있었다. 신라 사방불의 출현은 통일신라시대 오방불 신앙의 수용에 하나의 기반을 마련해 주었다(李淑姬, 2002, 앞의 논문, 24~25쪽).

를 하며, 그 집에서 준 텃밭을 밑천으로 삼아 살고 있었다. 어느 날 덕망있는 승려 漸開가 **흥륜사에서 육륜회**를 시행하고자 복안의 집에 와서 시주를 권하니 베 50필을 시주하였다. 점개가 '하나를 시주하면 만배를 얻고 안락을 누리고 수명이 길어지리라'하니, 대성이 "우리가 전생에 선업이 없어 지금 가난한 것이니, 지금 보시를 하지 않으면 내세에 더욱 가난할 것이다. 밭을 법회에 시주하여 후생의 과보를 도모함이 어떠하 겠습니까?" 하니, 어머니가 좋다 하였다. 얼마 안 되어 대성이 죽었고 이날 밤 재상 김문량의 집에서는 하늘에서 소리가 들리길, "모량리 대성이란 아이가 이제 너의 집에 태어날 것이다"고 하였다. … 아이를 낳았는데 왼손을 꼭 쥐고 펴지 않다가 7일만에 폈다. '大城' 2자를 새긴 **金簡子**가 있어 이로써 이름하였다.[88]

신문왕대 흥륜사에서 '육륜회'를 개최하였다고 하는데, 이 육륜회는 점찰법의 일종이라 할 수 있다. 앞에서 살펴본 바, 점찰법에서는 선악의 업을 관찰하기 위해 10개의 목륜과 업의 강약·경중을 살피기 위한 3개의 목륜, 마지막으로 과보차별상을 관찰하기 위한 6개의 목륜을 사용한다고 하였다. 흥륜사의 육륜회는 말그대로 6개의 輪을 사용하는 세 번째 점찰법으로 볼 수 있다.

불국사 창건설화이기도 한 위 기록을 보면, 모량리의 가난한 여인 慶祖의 아들 大城이 흥륜사 육륜회에 밭을 시주하였는데, 얼마 후 대성이 죽어 재상 김문량의 아들로 다시 태어났다. 이때

---

88) 『三國遺事』 卷5 孝善9 大城孝二世父母 神文代.

112

대성은 손에 '金簡子'를 쥐고 있었다. 후술하겠지만 眞表는 점찰법회에서 189개의 簡子를 사용하였는데, 대성이 쥐고 있었던 '간자'도 점찰법과 관련된 것으로 생각된다. 따라서 흥륜사의 육륜회는 곧 점찰법회의 다른 표현이라 할 수 있다.

다만 '육륜회'라는 명칭에서 기존의 점찰법회와 다른 이 법회의 목적이 있었을 것으로 생각된다. 점찰법에서 6개의 목륜으로 '과보차별상'을 살핀다고 하였으므로, 육륜회 또한 '果報'의 관찰에 그 목적을 두었을 것이다. 대성이 육륜회에 밭을 시주한 공덕으로 재상의 아들로 태어나는 '과보'를 받았다는 설화의 내용이 육륜회의 성격을 말해주고 있다.

육륜회에 대해 살피기에 앞서 이 법회가 열린 흥륜사의 성격을 고찰해 보자. 주지하다시피 흥륜사는 신라 최초의 사찰로 국가·왕실 사찰의 역할을 해 왔다. 때문에 선덕여왕이 병이 들자 흥륜사의 승려를 먼저 불렀던 것이다.

14-① 善德王 德曼은 병이 든 지 오래되어 興輪寺 승려 法惕을 불러 병을 살펴보았으나 오래도록 효과가 없었다. 마침 密本法師의 덕행이 나라에 알려져 좌우의 신하가 그로 바꾸기를 청하자 왕은 그를 불러 들였다. 밀본은 침실 밖에서 『藥師經』을 읽는데, 두루마리가 풀려 끝나가자 가지고 있던 육환장이 침실로 날아 들어 늙은 여우와 법척을 찔러 뜰아래에 거꾸러뜨리자 왕의 병이 나았다.

14-② 또 承相 金良圖가 어렸을 때 갑자기 입이 붙고 몸이 굳어 말을 하지 못하고 몸을 쓰지 못하였다. … 巫覡이 와서 제사지내

자 귀신 무리가 다투며 모욕하였다. … 家親이 法流寺의 승려를 청해 경을 전독케 하니, 大鬼가 小鬼에게 명하여 철퇴로 중의 머리를 처 땅에 넘어뜨리니 피를 토하고 죽었다. 여러 날 지나 심부름꾼을 시켜 밀본을 데려오게 하였다. 심부름꾼이 돌아와 말하길, 밀본법사가 우리의 청을 받아들여 장차 올 것이다 하였다. 귀신들이 이를 듣고 모두 실색하였다. … 얼마 안 되어 밀본이 이르자 경을 열기도 전에 그 병이 나아 말이 통하고 몸도 풀려 그간의 사실을 모두 설명하였다. 양도가 이로 인해 불교를 돈독히 믿음에 일생동안 게을리 하지 않았다. 興輪寺 吳堂의 주불인 彌勒尊像과 左右菩薩을 만들고, 아울러 금색으로 당의 벽화를 그렸다. 밀본은 일찍이 金谷寺에 머물렀다.[89]

그러나 흥륜사 승려 法惕이 왕의 치료에 실패하자, 밀본을 초청하였고 밀본이 『약사경』을 독송하여 늙은 여우와 법척을 물리치자 왕의 병도 치유되었다. 이 『약사경』은 총 4차례 漢譯되었는데, 밀본이 접한 것은 송 효무제(453~463)때 慧簡의 번역이거나 수 개황 17년(597) 達摩笈多의 번역, 또는 梁나라 때에 『관정경』 권12에 편입되어 크게 유행한 『灌頂拔除過罪生死得度經』 중 하나일 것이다. 특히 『관정발제과죄생사득도경』은 질병·도적·기근으로부터 구제, 더욱이 국왕의 치료방법이 직접 언급되어 있어 밀본이 이 경을 소의경전으로 삼아 선덕여왕의 치병활동에 활용했을 가능성이 크다.[90]

---

89) 『三國遺事』 卷5 神呪6 密本摧邪.

90) 고익진, 1989, 앞의 책, 396~397쪽 ; 옥나영, 2007, 앞의 논문, 260~261쪽.

밀본이 왕의 병을 치유하는 과정에서 늙은 여우를 물리쳤다고 하는데,『三國遺事』속의 '여우'는 전통신앙 세력을 상징하는 존재로 등장하므로,[91] 그가 전통신앙 세력을 축출한 것으로 이해할 수 있다. 그러나 같은 승려인 흥륜사 승려 법척을 물리친 것은 어떻게 이해해야 할까?[92] 위의 두 번째 사료에서 밀본 덕에 치유가 된 김양도가 흥륜사에 불상을 바치고 있는데, 밀본과 흥륜사 승려가 대립관계라면 김양도는 흥륜사에 보시하지는 않았을 것이다. 김양도가 흥륜사에 보시했다는 것은 밀본이 흥륜사와 관계가 있었다는 의미이며, 이는 밀본이 선덕여왕의 병을 치료하면서 흥륜사 승려 법척을 물리친 것이 계기가 되어 그가 흥륜사에 머물거나 긴밀한 관계를 맺게 되었을 것으로 추정된다.[93] 이렇게 본다면 흥륜사는 밀본의 치병활동 이후 밀교계 사찰로 성격이 바뀌었을 가능성이 있다.

후대 원성왕대 '호랑이로 인한 상처에 흥륜사 장을 바르고 나발소리를 들으면 낫는다'는[94] 이야기가 전하는데, 이것은 흥륜

---

91)『三國遺事』卷1 紀異1 桃花女 鼻荊郎 ;『三國遺事』卷1 紀異1 金庾信 ;『三國遺事』卷4 義解5 圓光西學.

92) 기존 연구에서는 밀본으로 대표되는 밀교승려와 흥륜사 승려의 대립, 또는 대중적 밀교와 왕족·귀족 중심적 불교와의 대립으로 보아 왔다(金在庚, 1978,「新羅의 密敎 受容과 그 性格」『大丘史學』14 ; 전동혁, 1993,「密敎의 受容과 그것의 韓國的 展開 (1)」『논문집』2, 중앙승가대학).

93) 신동하, 1999,「신라 흥륜사의 창건과 변천」『인문과학연구』6, 동덕여대 인문과학연구소 ; 김복순, 2002,「흥륜사와 칠처 가람」『신라문화』20 ; 옥나영, 2007, 앞의 논문, 264쪽.

94)『三國遺事』卷5 感通7 金現感虎, "被爪傷者 皆塗興輪寺醬 聆其寺之螺鉢聲

사가 치병과 관련된 밀교적 사찰로 자리 잡고 있었음을 의미하는 것이 아닐까.[95] 또한 908년에 중아찬 異才가 팔각등루를 세우고 여러 대덕을 모셔 법회를 열었는데, 여기에 흥륜사 融善呪師도 참여하고 있다.[96] '呪師'라는 표현을 볼 때 흥륜사는 신라 말까지도 밀교 사찰로서의 성격을 유지하고 있었던 것으로 생각된다.

이처럼 흥륜사가 선덕여왕대 이후 밀교 사찰로 변화한 상황에서, 신문왕대 육륜회라는 점찰법회가 열렸다는 것은 점찰법회와 밀교가 공존할 수 있었으며, 점찰법회가 밀교의 영향을 받았을 것임을 시사한다.

우선 흥륜사를 밀교 사찰로 변모시키는데 기여한 밀본이 소의 경전으로 삼은『약사경』즉,『관정경』권12『灌頂拔除過罪生死得度經』에는 속명법과 같은 초보적인 作法이 나와 있지만, 13-①에서 그가 독송만 했다고 하므로 아직 밀교의례나 체계적인 작법을 행했다고 보긴 어렵다.[97]

그러나 문무왕대 明朗은 당나라 군대를 물리치기 위해 문두루법을 시행했는데, 이는『관정경』권7『灌頂伏魔封印大神呪經』에 의

則可治".

95) 金在庚은 이 내용을 흥륜사가 가지고 있던 토속신앙의 巫的 기능이라고 하였다(1978, 앞의 논문).

96) 崔致遠,「新羅壽昌郡護國城八角燈樓記」『東文選』卷64, "其年孟冬 建燈樓己 … 有若泰然大德 靈達禪大德 景寂禪大德 持念緣善大德 興輪寺融善呪師等 龍象畢集 莊嚴法筵".

97) 고익진, 1989, 앞의 책. 옥나영은 초보적인 작법이라도 미리 알고 행했을 것이라고 보았다(2007, 앞의 논문, 265쪽).

거한 것으로, 사천왕사를 임시로 짓고, 五方神像을 만들고, 12명의 승려들을 모아 이 비법을 실시하였다.[98] 이를 '密壇法'이라고도 표현하였는데[99] 이로 보아 문두루비밀법은 밀교의 作壇法을 시행한 것이라 하겠다.[100]

이후 신문왕대~효소왕대 활동한 惠通[101] 또한 당 공주의 치병을 비롯하여 신문왕의 등창을 치료하고 효소왕대에는 도술로 병사를 물리치기도 했다. 이때 그는 다라니와 豆·瓶·銀器 등 佛具를 사용했는데, 이는 밀교의식에서 많이 이용하는 것으로 그의 활동도 밀교의 의례적 측면을 강조하고 있었음을 짐작할 수 있다.[102] 이처럼 문무왕~효소왕대에 활동한 명랑과 혜통의 밀교는 신비주의적 경향의 초기밀교를 넘어 '작단법'을 비롯한 의례적 요소를 갖추어 심화된 밀교의 모습을 보여주었다.

따라서 밀교 사찰인 흥륜사에서도 밀교적 의례가 강조되는 분위기였을 것이고, 그 영향으로 인해 기존의 단순히 숙세 선악의

---

98) 『三國史記』卷2 紀異2 文武王法敏, "乃以彩帛營寺 草搆五方神像 以瑜珈明僧 十二員 明朗爲上首 作文豆婁秘密之法".

99) 『三國遺事』卷4 義解5 義湘傳敎, "命神印大德明朗 假設密壇法 禳之 國乃免".

100) 사천왕사지 금당 배면에 24개의 초석이 있는데, 이것이 문두루비밀법을 행할 때 쓰였던 밀단일 가능성이 있다고 한다(옥나영, 2007, 앞의 논문, 271쪽).

101) 『三國遺事』卷5 神呪6 惠通降龍. 혜통이 효소왕의 딸을 치료했다고 하나 효소왕에게는 딸이 없으며, 정공의 죽음과 관련된 왕위계승시의 문제가 된 때는 효소왕 즉위가 아닌 성덕왕 즉위였음을 근거로 혜통의 활동시기를 효소왕~성덕왕으로 보기도 한다(呂聖九, 1992, 앞의 논문).

102) 呂聖九, 1992, 위의 논문. 새로운 밀교사상, 즉 순밀로 볼 근거는 없다고 한다.

업을 관찰하던 점찰법에서『점찰경』에 서술되어 있는 절차와 의식을 갖춘 점찰법회로, 특히 참회와 수계를 거쳐 과보차별상을 관찰하는 육륜회로 변화·발전한 것으로 생각된다.

앞서 언급한 바 597년 隋에서는『占察經』의 유포를 금지하는 황제의 칙령이 내려졌고, 원광은 600년에 귀국했기 때문에 이 경전을 신라로 가져오지 못했다. 이후 695년『점찰경』은 明佺이 찬한『大周刊定衆經目錄』에서 眞經으로 入藏되었다.[103] 그리고 元曉(617~686)와 義寂이 그들의 저술에서『占察經』을 인용하고 있다.[104] 義寂의 경우 傳記가 전하지 않아 활동한 연대가 뚜렷하지 않지만,『三國遺事』義湘傳敎에 悟眞·智通·表訓 등과 함께 의상의 제자로 이름이 보이며, 圓測의 제자였던 道證과 神文王代 國老였던 憬興이 義寂을 언급한 것으로 보아 그의 생존연대는 대략 7세기 중엽에서 8세기 초엽으로 추정된다.[105] 그러므로『점찰경』은 대략 7세기 중엽에 신라에 전해졌을 것이다. 665년에 惠通, 670년에는 義湘,[106] 671년에는 琳潤이 귀국하였고,[107] 귀국 시기가 명확하지 않지만 7세기 중엽에 朗智와 寶壤이 入唐하였다. 이들에 의해

---

103)『大周刊定衆經目錄』卷1 大乘單譯經目 ;『大正新修大藏經』卷55, p.379a.

104) 元曉,「涅槃宗要」/『韓國佛敎全書』제1책, p.528a ; 義寂,「菩薩戒本疏」 卷上/『韓國佛敎全書』제2책, p.260 ; 박광연, 2006, 앞의 논문, 11쪽.

105) 崔源植, 1999,『新羅菩薩戒思想史硏究』, 民族社, 160쪽.

106) 義湘의 귀국연도에 대해서는『三國遺事』卷4 義解5 義湘傳敎에서는 咸亨 元年 670년,「부석본비」에서는 咸亨 2년 671년으로 기록하고 있다.

107)『三國史記』卷7 文武王 11년 추7월 26일, "秋七月 二十六日 大唐摠管薛仁貴 使琳潤法師 寄書".

『점찰경』이 신라로 전해졌을 가능성이 있다고 생각한다.

7세기 의례를 강조하는 밀교의 영향을 받으며 점찰법 또한 의례적·의식적인 면의 심화가 요구되었을 것이고, 마침『점찰경』이 신라에 유입되어 경전에 설해진 절차와 의식에 따라 점찰법회를 시행함으로써 이전과 달리 그 변화된 특징을 살려 '육륜회'라 칭한 것으로 생각된다. 즉 통일을 전후하여 신라 점찰법회의 내용과 성격이 변한 데에는『점찰경』의 유입과 함께 밀교의 유행, 특히 의례를 강조하는 밀교의 영향이 크게 작용했다고 하겠다.

제4장 점찰법회의 신라화와 신라인의 果報 인식

통일기에 접어들어 『점찰경』이 신라에 전해지고, 밀교 사상이 본격적으로 수용·전개되면서 점찰법회는 단순히 과거 선악업을 관찰하던 방식에서 나아가 참회, 수계, 그리고 과보차별상을 관찰하는 데까지 발전하였다. 이러한 과정에서 점찰법회는 보다 체계화되고 의식화되면서 신라만의 점찰법회로 자리를 잡았고, 여기에는 진표와 그 제자들의 활동이 크게 작용하고 있었다. 眞表에서 永深으로, 영심에서 다시 心地로 師資傳承되면서 점찰법회는 金山寺, 俗離山, 금강산 鉢淵寺, 팔공산 동화사 등 王京과 지방을 불문하고 여러 지역으로 널리 확산되었다.

또한 점찰법회의 목적이 '과보'의 관찰로 변화했다는 것은 신라인들이 '과보'에 대한 관심이 높았기 때문일 것이다. 업의 결과는 과보이며, 과보는 윤회 또는 열반으로 나타난다. 일찍이 업과 윤회사상을 이해하고 있었던 만큼, 신라사람들이 과보에 대한 인식이 없었던 것은 아닐 것이다. 다만 '과보'에 대한 이해와 그 바람이 더 구체화되었을 것으로 생각된다.

1. 眞表의 생애

眞表는 신라 승려로는 드물게 그에 관한 傳記가 3종류나 전해져 그의 생애와 활동을 풍부하게 전해주고 있다. 그러나 각 傳記에서 전하는 내용이 달라 진표에 대한 평가도 연구자마다 다른 입장을 보이고 있다. 우선 불교사상적으로 보면, 진표는 占察懺悔敎法의 수행자로서 독자적인 占察敎法을 창안했으며,[1] 이 점찰법은 諸障難을 제거하기 위한 방편이긴 하지만 그 목적은 懺悔戒法으로 신라인에게 菩薩戒를 주어 菩薩道를 수행케 하였다고 평가한다.[2] 또, 王京에서 활동한 太賢과 대비시켜 지방에서 활동한 法相宗 승려로 보기도 한다.[3] 사회사상적 관점에서 眞表는 百濟遺民으로 反新羅的 이상국가 건설을 주도한 자로,[4] 그의 미륵신앙을 신라 말 농민봉기,[5] 나아가 甄萱이나 弓裔의 反신라적 움직임과 관련짓는 견해도 있다.[6] 최근에는 진표가 점찰법회를 통해 재가신자들

---

1) 金煐泰, 1972, 「新羅 占察法會와 眞表의 敎法研究」『佛敎學報』9 ; 金煐泰, 1975, 「占察法會와 眞表의 敎法思想」『崇山朴吉眞博士華甲記念 韓國佛敎思想史』/ 1987, 『新羅佛敎研究』, 民族文化社 재수록.

2) 蔡印幻, 1986, 「新羅 眞表律師 研究(Ⅰ)」『佛敎學報』23 ; 蔡印幻, 1987, 「新羅 眞表律師 研究(Ⅱ)」『佛敎學報』24 ; 蔡印幻, 1988, 「新羅 眞表律師 研究(Ⅲ)」『佛敎學報』25.

3) 文明大, 1974, 「新羅 法相宗(瑜伽宗)의 成立問題와 그 美術(上)(下)－甘山寺 彌勒菩薩像 및 阿彌陀佛像과 그 銘文을 中心으로－」『歷史學報』62, 63 ; 金南允, 1995, 『新羅 法相宗 研究』, 서울대 박사학위논문.

4) 李基白, 1986, 「眞表의 彌勒信仰」『新羅佛敎史研究』, 一潮閣.

5) 趙仁成, 1996, 「彌勒信仰과 新羅社會」『震檀學報』82.

6) 尹汝聖, 1998, 「新羅 眞表와 眞表系 佛敎 研究」, 원광대 박사학위논문.

을 彌勒淨土往生으로 이끌었다고 보기도 한다.[7] 이러한 다양한 견해 속에서도 진표를 점찰법회를 통해 지방에서 활동한 승려로 보는 시각에는 이견이 없다. 따라서 진표의 사상과 활동은 占察法會를 빼놓고는 논할 수 없다.

眞表의 생애에 대한 3가지 傳記 자료는 一然이 찬한 「眞表傳簡」(이하 「傳簡」)과 1197년 瑩岑이 지어 1199년 鉢淵寺에 세운 「鉢淵藪 眞表律師 眞身骨藏立石碑銘」,[8] 그리고 988년 贊寧이 찬술한 『宋高僧傳』에 실린 「唐百濟國金山寺眞表傳」(이하 「眞表傳」)이다.[9] 이중 瑩岑이 찬한 「鉢淵藪 眞表律師 眞身骨藏立石碑銘」은 一然의 제자 無極이 이 내용을 간추려 「關東楓岳鉢淵藪石記」(이하 「石記」)라는 제목으로 『三國遺事』에 실었다.[10] 그리고 이 자료들은 찬술자뿐만 아니라 기록된 시기도 달라 진표의 생애를 각기 다르게 전하고 있으며, 眞表의 활동시기에 대해서도 큰 차이를 보이고 있다.[11] 이에 현재까지는 진표의 생애를 명확하게 밝히지 못하고 있다.

---

7) 박광연, 2006, 「眞表의 占察法會와 密敎 수용」 『韓國思想史學』 26.

8) 『朝鮮金石總攬』 上(1976, 아세아문화사 영인본)과 『乾鳳寺本末事蹟 楡岾寺本末寺誌』(1978, 아세아문화사 영인본)에 「金剛山鉢淵寺開刱祖師眞表律師事蹟碑」라는 제목으로 실려 있다.

9) 진표의 전기 자료에 대해서는 金南允, 1997, 「眞表의 傳記 資料 檢討」 『國史館論叢』 78 참조.

10) 『三國遺事』 卷4 義解5 關東楓岳鉢淵藪石記, "此錄所載眞表事跡 與鉢淵石記 互有不同 故刪取瑩岑所記而載之".

11) 세 기록이 다른 내용을 담고 있는 것은 전승 과정과 목적이 다르기 때문이라고 한다. 이 점에 대해서는 김남윤, 1997, 앞의 논문, 101쪽 ; 박광연, 2006, 앞의 논문 참조.

122

다만 가장 이른 시기에 찬술된 『宋高僧傳』「眞表傳」에 기록된 開元年間(713~742)에 출가했다는 설을 신뢰하거나,[12) 이 시기가 「傳簡」에서 언급되는 출가시기인 729년과 일치한다는 점에서 「石記」보다 「傳簡」의 기록을 따르고 있으며,[13) 진표의 활동시기를 景德王代로 보는 것이 일반적인 견해다.

전기 자료에 보이는 시기의 차이에도 불구하고, 眞表가 亡身懺悔의 수행을 통해 地藏菩薩과 彌勒菩薩을 친견하고 그들에게 戒法과 簡子를 받아 占察法으로 널리 교화활동을 폈다는 진표의 활동에 대한 서술내용은 동일하다. 다양한 전승과정과 목적으로 기록된 자료들에 보이는 공통된 내용은 전승과정에 변하지 않은 원형을 간직한 것으로 간주할 수 있다. 그러므로 공통된 전승 내용을 치밀하게 분석하면 진표의 활동시기를 보다 구체적으로 밝힐 수 있을 것으로 생각한다.

「傳簡」과 「石記」 모두 진표가 12세에 金山寺의 崇濟(혹 順濟)에게 출가했다고 한다. 그러나 「傳簡」에서는 740년, 23세 때 지장보살을 親見했다고 하므로, 진표는 718년에 출생하여 12세가 되던 729년에 출가한 것이 된다. 반면에 「石記」에서는 760년 그의 나이 27세에 미륵보살 앞에서 수행했다고 하므로, 734년에 출생하여 745년에 출가한 것이 된다. 「眞表傳」에서는 출가시기를 開元 年間

---

12) 尹汝聖, 1989, 「新羅 眞表의 佛敎信仰과 金山寺」 『全北史學』 11·12, 40~41 쪽. 『송고승전』의 「진표전」을 토대로 후세에 국내에서 2종의 전기들이 보다 요약되어 간략하게 기록되었다고 보고 있다.

13) 金南允, 1997, 앞의 논문.

(713~741)으로 기록해 「傳簡」과 대략 일치한다. 이처럼 국내 전승 기록은 활동내용과 연령대는 대체로 일치하지만, 절대 연대에서 16년의 차이가 있어, 「傳簡」을 따를 경우 진표는 景德王代 활동한 인물이 되고 「石記」를 따르면 惠恭王代 활동한 인물이 된다.

앞서 언급한 바와 같이 「傳簡」과 「石記」의 공통된 내용은 진표가 12세에 금산사의 崇濟(혹 順濟)에게 출가했다는 기록이다. 崇濟와 順濟 표기는 조금 다르지만 동일인으로 볼 수 있다.[14] 이 숭제에 대해 「傳簡」에서는 入唐하여 善道(613~681)[15]에게 수학했다는 정보를 싣고 있다. 두 기록에서 모두 숭제를 진표의 스승으로 보고 있으므로 이 전승은 어느 정도 신뢰할 수 있다고 여겨지며, 一然의 찬술 태도로 볼 때 「傳簡」에 숭제의 행적을 실은 것도 그에 대한 전승이 전해져 왔기 때문에 이를 바탕으로 기록했을 것으로 짐작된다. 왜냐하면 一然은 「傳簡」에 진표가 阿瑟羅州에 이르러 水中에 들어가 설법한 시기를 기록한 부분에서 '或本'을 언급하였으며, 『三國遺事』 惠通降龍에서는 '眞表傳'을 거론하는 등 진표에 관한 다양한 전승기록을 참고하여 고증했기 때문이다.[16] 이처럼 崇濟를 진표의 스승으로, 그리고 그가 入唐하여 善道三藏

---

14) 「傳簡」에 진표의 스승에 대한 설명이 보다 자세하므로, 이하 본문에서는 「전간」을 따라 '崇濟'로 통일해서 쓴다.

15) 善道 : 善導라고 한다. 중국 沙州 사람으로 어려서 출가하여 三論을 배웠으며, 導綽을 본받아 배우다가 그 문에 들어가 정토교를 듣고 정토행을 전공하였다. 그의 사상은 담란·도작 등의 말을 전승함은 물론, 정영의 말을 취해 2장·2교의 교판을 세우고, 선배들의 철저하지 못한 점을 고쳐 정토교의를 크게 일으켰다(耘虛龍夏, 1961, 『佛敎辭典』, 동국역경원, 453쪽).

124

에게 수학한 것이 사실이라면, 숭제가 아무리 일찍 선도의 문하에 들어갔다고 해도 귀국 후 진표를 제자로 받아들이기에는 「石記」의 745년보다 「傳簡」의 729년이 더 타당하다고 생각한다.[17)

또한 진표가 아슬라주(현 강릉)에 이르러 魚鼈을 위해 설법하고 授戒한 일화도 기록에 공통적으로 보인다.

1-① 교화가 두루 미쳐 돌아다니다 阿瑟羅州에 이르니, 섬과 섬 사이에 魚鼈이 다리를 이루어 물속으로 (진표를) 맞아 들였다. (진표가) 법을 설하고 戒를 주니, 곧 天寶 11년 壬辰 2월 보름이었다. … 景德王이 이를 듣고 궁궐로 맞이하여 菩薩戒를 받고, 租7만7천 섬을 내리고, 왕비와 외척도 모두 戒品을 받아 비단 5백단과 황금 50냥을 보시하니 (진표가) 이를 모두 받아 諸山에 나누어 널리 불사를 일으켰다.[18)

---

16) 김남윤, 1997, 앞의 논문. 발연사 일대를 비롯한 지방에서의 전승을 중심으로 한 「비명」보다 傳法관계나 경덕왕의 초청 등 중앙에서의 전승을 담고 있는 「傳簡」이 좀 더 타당하다고 보고 있다.

17) 가령, 善道가 입적한 681년에 숭제가 20세였다고 가정하면, 진표가 12세에 숭제에게 출가했는데, 그때 숭제 나이는 「전간」를 따르면(729년) 68세, 「석비」에 의하면(745년) 84세가 된다. 그러나 실제로 숭제가 선도 문하에서 수학할 때의 나이는 그보다 많았을 것이며, 진표가 숭제로부터 전법을 받아 수행한 것이 20대이므로, 숭제의 나이는 각각 70대 중반, 90대 초반이 된다. 숭제가 장수했을 가능성도 있으나 일반적으로 70대에 전법한 것이 더 타당하다고 생각된다.

18)『三國遺事』卷4 義解5 眞表傳簡, “風化旣周 遊涉到阿瑟羅州 島嶼間魚鼈成橋 迎入水中 講法受戒 卽天寶十一載壬辰二月望日也 或本云元和六年 誤矣 元和在憲德王代(去聖德幾七十年矣) 景德王聞之 迎入宮闕 受菩薩戒 嚫租七萬七千石 椒庭列岳皆受戒品 施絹五百端 黃金五十兩 皆容受之 分施諸山 廣興佛事”.

1-② 다시 溟州海邊을 향해 천천히 가던 중 물고기와 자라 등이
바다에서 나와 율사 앞에 몸을 엮어 육지처럼 만드니, 율사가
밟고 바다로 들어가 戒法을 唱念하고 돌아왔다. 高城郡에 이르
러 皆骨山(금강산)에 들어가 비로소 鉢淵藪를 창건하고 占察法會
를 열어 7년을 머물렀다. 이때 溟州 경계에 흉년이 들어 사람들
이 굶주렸다. 율사가 그들을 위해 계법을 설하여, 사람들이
받들어 三寶를 지극히 공경하니, 갑자기 高城海邊에 무수한
물고기가 저절로 죽어 나와 사람들이 이것을 팔아 식량으로
삼아 죽음을 면할 수 있었다.19)

「傳簡」에서는 진표가 아슬라주에서 魚鼈을 상대로 授戒한 일이
752년에 일어났으며, 이 일이 궁중에 알려져 진표가 초청되어
景德王을 비롯한 왕비와 외척들에게 菩薩戒를 주었다고 한다.
반면 「石記」에서는 이 일화에 이어 溟州 境界에 흉년이 들었을
때 진표가 계법을 설해 그들을 구제한 일화도 전하고 있다. 이때가
언제인지 정확한 연도는 알 수 없지만, 「石記」에서는 眞表가 766년
金山寺에 彌勒丈六像을 안치했으며, 이후 속리산, 溟州를 거쳐
고성군에 鉢淵藪를 짓고 머물렀다고 하므로 이로부터 그다지
먼 시기는 아닐 것이며 대략 770년 전후의 혜공왕대라 할 수
있다. 『三國史記』 혜공왕대의 기록을 살펴보면 가뭄 기사가 보이

---

19) 『三國遺事』 卷4 義解5 關東楓岳鉢淵藪石記, "還向溟州海邊 徐行次 有魚鼈黿
鼉等類 出海向師前 綴身如陸 師踏而入海 唱念戒法還出 行至高城郡 入皆骨
山 始創鉢淵藪 開占察法會 住七年 時溟州界年穀不登 人民飢饉 師爲說戒法
人人奉持 致敬三寶 俄於高城海邊 有無數魚類 自死而出 人民賣此爲食 得免
死".

126

지만[20] 그 정도가 심하진 않았다.

한편 景德王 15년(756) 상대등 金思仁이 재앙과 이상한 이들이 자주 나타난 것을 들어 시국 정치의 잘잘못을 극론할 정도로[21] 재해가 유달리 많았다.[22] 특히 750년대에는 재해 기사가 많고 백성이 굶주렸다는 기록도 자주 보인다.[23] 『三國遺事』의 「石記」에는 실려 있지 않지만, 『楡岾寺本末寺誌』에 실린 「金剛山鉢淵寺開 刱祖師眞表律師事蹟碑」에 의하면 진표가 발연사에 머물면서 藥師如來를 도량주로 삼아 수행하여 국가를 도왔다고 한다.[24] 실제로 진표가 약사여래를 鑄成하여 수행했는지 확인할 수 없으나, 다만 景德王 14년(755)에 芬皇寺의 藥師像을 조성했다는 기록이 전한다.[25] 신라에 藥師信仰이 유입된 시기는 명확하지 않지만, 密本이 『藥師經』을 읽어 善德女王의 병을 치료한 것으로[26] 보아 7세기

---

20)『三國史記』卷9 新羅本紀9 惠恭王 5년(769), “夏五月 蝗旱”.

21)『三國史記』卷9 新羅本紀9 景德王 15년(756), “春二月 上大等金思仁 以比年 災異屢見 上疏 極論時政得失”.

22)『三國史記』卷9 新羅本紀9 景德王 4년(745) 5월 ; 6년(747) 가을 ; 13년(754) 8월 ; 14년(755) 봄.

23) 向德의 일화가 대표적이다.『三國史記』卷9 新羅本紀9 경덕왕 14년(755), “春 穀貴民饑 熊川州向德 貧無以爲養 割股肉餇其父 王聞 賜賚頗厚 仍使旌表 門閭”;『三國遺事』卷5 孝善9 向得舍知割股供親.

24)『乾鳳寺本末事蹟 楡岾寺本末寺誌』(1978, 아세아문화사 영인본), “又於鉢 淵藪 審卜地 或鑄成□立像 藥師如來爲道場主 依而修行 以補邦家”.

25)『三國遺事』卷3 塔像4 皇龍寺鐘 芬皇寺藥師 奉德寺鐘, “又明年乙未 鑄芬皇 藥師銅像 重三十萬六千七百斤 匠人本彼部强古乃未”.

26)『三國遺事』卷5 神呪6 密本摧邪, “善德王德曼 遘疾弥留 … 時有密本法師 … 王詔迎入內 本在宸仗外 讀藥師経 卷軸纔周 所持六環 飛入寢內 刺一老狐

중엽에는 이미 유포되었음을 짐작할 수 있다. 특히 8세기 말에서 9세기 중엽에 약사불 조성이 급격하게 늘어났다고 하는데, 그 까닭은 이 시기가 사회적으로 기근과 재해, 질병이 계속되던 재난 시기로, 이러한 배경 하에서 약사신앙이 널리 유행하게 되었다.27) 750년대 재난과 그로 인한 굶주린 백성에 대한 보고가 늘어나는 것으로 보아 眞表의 약사여래 조성 일화도 경덕왕대의 이러한 사회상을 반영하는 것이 아닌가 한다.

그러므로 위의 일화는 750년대 경덕왕 때의 일로 보는 것이 더 타당하다고 생각되며, 그럴 경우 「傳簡」에서 말하는 752년 眞表가 王京으로 초청된 시기와도 대략 일치한다. 이렇게 보면 진표가 활동한 시기는 경덕왕대라고 볼 수 있다. 「石記」에서 진표의 활동시기를 혜공왕대로 말하고 있지만, 그 속에 담긴 사회상은 경덕왕대를 반영하고 있다고 생각되며, 따라서 진표의 생애에 대한 기록은 「傳簡」이 더 타당하다고 볼 수 있겠다. 「傳簡」을 기준으로 「石記」의 내용을 참고하여 진표의 생애를 정리하면 대략 다음과 같다.

眞表는 718년(聖德王 17)에 출생하여 12세인 729년에 崇濟에게 출가하였다. 20대에는 스승의 말씀에 따라 亡身懺悔 등의 수행을 통해 지장보살과 미륵보살을 親見하여 戒와 簡子 등을 받았고, 이를 바탕으로 30대에는 금산사와 명주, 발연수 등에서 점찰법회를 통한 교화활동을 펼쳤다. 이 시기에 景德王과의 만남도 이루어

與法惕 倒擲庭下 王疾".

27) 劉根子, 1994, 「統一新羅 藥師佛像의 硏究」『美術史學硏究』203, 81~82쪽.

졌다. 발연수에서 7년을 머물렀다고 하므로 760년 전후로 진표는 다시 불사의방으로 갔고, 그 후 고향에 가서 아버지를 뵙고 그곳에 머물렀다. 「石記」에 의하면 金山寺에 彌勒丈六像을 764년에 鑄成하여 766년에 안치했다고 하는데, 고향으로 와 머무는 동안에 이루어진 것이 아닌가 한다.[28] 그리고 이 기간에 永深 등이 진표를 찾아와 법문을 묻자 敎法을 전수해 주었다. 그 후 아버지를 모시고 발연사에 가서 道業을 닦고 효도를 다하다 그곳에서 세상을 마쳤다고 정리할 수 있겠다.

2. 진표의 수행, 亡身懺悔

진표의 활동시기에 대한 전승 기록간의 차이는 있지만, 진표의 수행·교화 등의 주요 활동 내용에 있어서는 공통점이 많이 보인다. 이러한 활동 내용과 그 배경을 바탕으로 진표의 활동시기를 경덕왕대로 설정할 수 있었다. 다만, 진표의 출가 수행과정에 대한 묘사에 있어서는 약간의 다른 점을 찾을 수 있다.

2-① 그 스승이 일찍이 일러 말하길, "나는 일찍이 唐에 들어가 善道三藏에게 배움을 받고 그 후에 오대산에 들어가 문수보살에 감응하여 五戒를 받았다." 하였다. 진표가 묻길, "얼마나

---

28) 금산사 중창시기를 진표의 교화가 널리 펼쳐진 결과 경덕왕과 귀족의 많은 보시를 받은 다음에 불사가 이루어졌을 것으로 보기도 한다(金南允, 1997, 앞의 논문, 101쪽).

공부를 하면 戒律을 얻게 됩니까?"하니 崇濟가 말하길 "정성이 지극하면 1년을 넘지 않는다." 하였다.[29]

2-② 順濟가 沙彌戒法을 주고 『供養次第秘法』1卷과 『占察善惡業報經』 2卷을 전하며 가르치길, "너는 이 戒法을 지니고 彌勒·地藏 두 보살 앞에서 懇求하고 懺悔하여 친히 戒法을 받아 세상에 전하라." 하였다.[30]

「傳簡」에서는 스승 崇濟가 문수보살로부터 受戒한 자신의 경험을 말해주고 있고, 「石記」의 경우 스승이 진표에게 沙彌戒法과 『占察經』, 『供養次第法』을 전해주면서 미륵과 지장보살에게 親見 受戒할 것을 당부하고 있다. 어쨌든 이 두 기록에서 스승은 진표에게 보살을 친견하여 친히 戒法을 받도록 권했다. 스승의 당부에 따라 진표는 親見受戒를 목표로 수행해야 했다.

한편 「石記」에 의하면 순제가 진표에게 『점찰경』과 더불어 『供養次第法』을 전해 주었다. 이 『供養次第法』은 善無畏(637~735)[31]가 725년에 번역했으므로, 순제가 唐에서 입수해 진표에게

---

29) 『三國遺事』卷4 義解5 眞表傳簡, "其師嘗謂曰 吾曾入唐 受業於善道三藏 然後入五臺 感文殊菩薩 現受五戒".

30) 『三國遺事』卷4 義解5 關東楓岳鉢淵藪石記, "濟授沙彌戒法 傳教供養次第秘法一卷 占察善惡業報經二卷曰 汝持此戒法 於彌勒地藏兩聖前 懇求懺悔 親受戒法 流傳於世".

31) 善無畏 (637~735) : 인도 마갈타국 사람으로 13세에 왕위를 이었으나 형에게 왕위를 양보하고 출가하여 여러 나라를 다니며 佛學을 닦고 나란타사에 가서 달마국다를 스승으로 섬기면서 밀교의 이치를 계승하였다. 스승의 권유에 따라 716년 唐에 왔다. 현종이 內道場을 베풀어 교주로 삼고 보리원을 역경 도량으로 정해주었다. 725년에는 밀교의

전했을 가능성은 있다.[32] 만약 순제가 入唐하여 善無畏에게 수학했다면 가능한 일이다. 그러나 앞서 진표의 활동시기에서 살펴본 바와 같이, 스승인 崇濟는 입당하여 善道(613~682)에게 수학했다고 하므로, 그가 716년에 入唐하여 735년에 입적한 善無畏의 강의를 듣거나 『供養次第法』을 직접 접하긴 어려웠을 것이다. 다만 선무외의 제자로 신라승 義林과 不可思義 등이 있었는데, 不可思義는 『供養次第法』에 대한 「大毘盧遮那經供養次第法疏」 2권을 찬술했으며 지금까지 전해지고 있다.[33] 義林도 귀국하여 활동한 기록이 전하고 있어,[34] 善無畏의 사상이 신라에 전해진 것은 분명하다. 그러므로 시기적으로 眞表가 729년에 출가하여 740년에 地藏菩薩을 친견하기까지, 즉 730년대에 스승 崇濟가 진표에게 傳法할

근본경전인 『대일경』 7권을 번역하고 그 요지를 講하여 부족한 것을 보충하였다. 그밖에 밀교의 중요한 전적을 번역했으며, 開元 23년(735) 99세의 나이로 입적하였다(耘虛龍夏, 1961, 『佛敎辭典』, 동국역경원).

32) 박광연, 2006, 앞의 논문, 17쪽.

33) 「大毘盧遮那經供養次第法疏」 卷末에 "此文造人 新羅國 零妙之寺 釋僧 不可思義 隨分穿鑿"이라고 써 놓았다. 이 疏를 在唐때 저술했는지 신라에서 저술했는지 알 수 없지만, 영묘사를 자신의 本寺로 삼고 있는 것으로 보아 不可思義도 의림처럼 신라에 귀국하여 전법에 힘썼을 것으로 본다(高翊晋, 1997, 「新羅密敎의 思想內容과 展開樣相」 『韓國密敎思想』, 동국대 불교문화연구원, 204~205쪽).

34) 最澄(767~822)이 찬술한 『內証佛法相承血脈譜』에 805년에서 쓴 「大唐順曉和尙付法文」을 싣고 있는데, 거기에 "大三藏婆羅門國王子法號善無畏 從佛國大那蘭陀寺傳大法輪 至大唐國轉付囑傳法弟子僧義林 … 一百三歲今在新羅國轉大法輪"이라는 義林에 관한 간략한 기록이 전해지고 있다. 선무외가 724년에 『大日經』을 번역하고 735년에 입적하므로, 의림이 724~735년 사이에 법을 전수받았을 것이며, 스승의 입적을 계기로 신라에 귀국했을 것이라 한다(高翊晋, 1997, 위의 논문, 202~203쪽).

때 『供養次第法』을 전해줬을 가능성은 충분하다.[35] 앞 장에서 살펴본 바와 같이 寶川이 『隨求陀羅尼』에 의해 수행하는 등 密敎가 이미 신라사회에 널리 유행하고 있었다.

『供養次第法』은 『大毘盧遮那成佛神變加持經』, 一名 『大日經』 7권 중 제7권을 가리킨다. 7권은 수행자의 자세, 공양의식, 觀相法, 廻向의식 등을 설하고 있다. 『공양차제법』의 傳受를 언급한 「石記」에는 「傳簡」에는 보이지 않는 진표의 수행법이 보인다.

3. 律師는 가르침을 받들고 인사하고 물러나와 명산을 두루 돌아다 녔다. 27세가 된 上元 元年 庚子(760)에 쌀 20두를 쪄 말려서 식량으로 삼아 保安縣에 이르러 邊山 不思議房에 들어갔다. 5홉의 쌀을 하루의 식량으로 하고, 1홉은 덜어 쥐를 먹였다. 율사가 미륵상 앞에서 戒法을 구했으나 3년이 되어도 授記를 얻지 못했 다.[36]

진표가 수행할 때 시행한 식사법은 『供養次第法』의 '隨意食法' 을 따른 것이라 한다. 隨意食法이란 얻은 음식을 4등분하여 첫째는 본존에게, 둘째는 자신이, 세 번째는 동료에게, 네 번째는 가난한 사람에게 나누어 주는 것이다. 특히 不可思義의 『供養次第法疏』에

---

35) 박광연, 2006, 앞의 논문, 19쪽. 740년 전후 새로운 밀교가 신라에 전래되 었고, 같은 시기 혹은 좀 앞선 시기에 순제도 『공양차제법』을 제자 진표에게 전하였을 것으로 보았다.

36) 『三國遺事』 卷4 義解5 關東楓岳鉢淵藪石記, "師奉敎辭退 遍歷名山 年已二十 七歲 於上元元年庚子 蒸二十斗米 乃乾爲粮 詣保安縣 入邊山不思議房 以五 合米爲一日費 除一合米養鼠 師勤求戒法於彌勒像前 三年而未得授記".

서 隨意食法에 대해 "적게 먹는 것이 어느 정도 단계에 이르면 이미 줄인데서 1/3을 덜어 鳥獸에게 주고 나머지는 자신이 먹는다."라고 언급한 것[37]이 진표가 1홉을 덜어 쥐에 준 행동과 일치한다고 한다. 이에 진표가 『공양차제법』을 수행생활의 지침으로 삼고 적극적으로 실천했다고 보았다.[38] 경청할 만한 견해라고 생각한다.

『공양차제법』은 제목 그대로 음식뿐만 아니라 香花, 燃燈, 莊嚴 등의 외적인 공양과 奉行·禮拜·持戒 등에 대해 언급하고 있다. 增益守護淸淨行品을 보면 作禮－出罪－歸依－施身－發菩提心－隨喜－勸請－廻向 등의 방편을 설하고 있어 수행법으로 많이 참고가 되었을 것이다. 그러나 3년간 이렇게 수행했음에도 불구하고 결국 진표는 授記를 얻지 못했다. 이에 진표는 수행방법을 달리 하였다.

4-① 發憤하여 몸을 바위 아래로 던지니 갑자기 靑衣동자가 손으로 받쳐 돌 위에 놓아 주었다. 율사가 다시 志願을 발하여 3·7일을 기약하고 밤낮으로 수행하여 돌에 (몸을) 던지며 참회하니, 3일에 이르러 팔뚝이 부러져 떨어졌다. 7일째 되던 밤에 지장보살이 손에 석장을 흔들며 와서 쓰다듬으니 팔이 전과 같아졌다.[39]

---

37) 不可思議, 『大毘盧遮那供養次第法疏』 卷上 ; 『韓國佛敎全書』 제3책, p.386a~b ; 박광연, 2006, 앞의 논문, 22~23쪽.

38) 박광연, 2006, 앞의 논문, 22~24쪽.

39) 『三國遺事』 卷4 義解5 關東楓岳鉢淵藪石記, "發憤捨身嵓下 忽有靑衣童

4-② 진표가 스승의 말을 듣고 유명한 산을 두루 다니다가 선계산 불사의암에 와서 행장을 풀고 3업을 공부하는데 亡身懺으로 戒를 얻었다. 처음 7일을 기약하여 五體를 돌에 치니 무릎과 팔이 다 부서지고 바위와 절벽에 비처럼 피가 흘렀으나 聖應이 없어 몸을 버리기로 결심하고, 다시 7일을 기약하여 2·7일이 끝나자 지장보살이 나타남을 보고 淨戒를 받았다.40)

4-③ 몸을 들어 땅에 치면서 戒法을 구하고자 뜻을 세우고 서원하길, '미륵보살이 나에게 계법을 주시길 바란다'고 하였다. 밤에는 낮보다 배로 공을 들여 주위를 돌고 몸을 던지며 마음으로 쉼없이 생각하길, 7일이 지나자 새벽에 地藏菩薩이 金錫을 흔들며 와서 진표를 위해 警策을 주면서, 戒緣을 발하여 받기 전에 지을 방편을 가르쳐 주었다. 2·7일이 되자 大鬼가 무서운 모습으로 나타나 진표를 밀어 바위 아래로 떨어뜨렸으나 몸은 다친 곳이 없었다. 3·7일 새벽에 이르자 … 이때 慈氏보살이 천천히 걸어오면서 壇所에 이르러 손을 뻗어 진표의 머리를 만지며 말하길, '착하다 대장부여. 계를 구함이 이와 같구나!'라고 두 번 세 번 말하였다.41)

手捧而置石上 師更發志願 約三七日 日夜勤修 扣石懺悔 至三日手臂折落".

40) 『三國遺事』卷4 義解5 眞表傳簡, "以亡身懺悔得戒 初以七宵爲期 五輪撲石 膝腕俱碎 雨血嵓崖 若無聖應 決志捐捨 更期七日 二七日終 見地藏菩薩現受 淨戒".

41) 『宋高僧傳』卷14 唐百濟國金山寺眞表傳 ; 『大正新修大藏經』卷50, p.794a, "擧身撲地志求戒法 誓願要期彌勒菩薩授我戒法也 夜倍日功遶旋叩搚 心心 無間念念翹勤 經於七宵 詰旦見地藏菩薩手搖金錫爲表策 發敎發戒緣作受前 方便 感斯瑞應歡喜 遍身勇猛過前 二七日滿有大鬼現可怖相 而推表墜於巖下 身無所傷 匍匐就 登石壇上 加復魔相未休 百端千緖 至第三七日質明 … 兜率 天主逶迤自在儀衛陸離圍遶石壇 香風華雨且非凡世之景物焉 爾時慈氏徐步 而行 至於壇所垂手摩表頂曰 善哉大丈夫 求戒如是 至於再至於三 … 慈氏躬

진표는 捨身을 하거나 돌에 몸을 부딪치는 등 육체적 고행으로 수행법을 바꿨다. 이러한 수행법은 다른 전기 자료에서도 공통적으로 보인다. 이들 기록에서는 '扣石' '撲石' '撲地'로 진표의 수행 모습을 묘사하고 있는데, 이는 한마디로 自撲法이라 할 수 있다. 특히 「石記」에서 진표의 수행을 '五輪撲石'이라고 표현하고 있는데, 五輪은 五體를 상징하는 말이므로 이는 곧 五體投地를 의미한다고 볼 수 있다. 일찍이 隋에서 塔懺法이 유행할 때, 2개의 籤子를 사용하여 善惡의 죄업을 살펴보는 방법 외에 自撲法을 행했으며 이 自撲法은 諸경전에 보이는 오체투지에 의거한 것이라 하였다.[42] 695년 懷感이 쓴 『釋淨土群疑論』에 "悔過를 드러내어 모든 죄를 참회함에 五體를 땅에 던지길 태산이 무너질 듯이 하며, 스스로 頭髮을 뽑고 몸을 들어 땅에 던져 이리저리 구르며 스스로 두드려 코에서 피가 나면 참회한 죄가 소멸하며 心眼이 열려 부처의 色身을 뵙는다"라 하며 이것이 바로 懺悔經文의 自撲之法이라고 하였다.[43] 당시 唐에서 참회의 방법으로 오체투지, 나아가 자박법이 널리 행해졌음을 알 수 있다. 眞表의 수행도 오체투지에 근거한 자박법이었다고 볼 수 있다.[44]

授三法衣瓦鉢 復賜名曰眞表 又於膝下出二物".

42) 『歷代三寶記』 卷12 ; 『大正新修大藏經』 卷49, p.106c, "自撲法依諸經中 五體投地如太山崩".

43) 懷感, 「釋淨土群疑論」 『大正新修大藏經』 卷47, p.76b, "發露悔過 懺悔諸罪 五體投地 如大山崩 自拔頭髮 舉身投地 婉轉自撲 鼻中血出 懺罪消滅 心眼得開 見佛色身".

44) 박광연, 2006, 앞의 논문, 16쪽 주)42. 「釋淨土群疑論」의 懺悔에 대한

진표의 이러한 몸을 돌보지 않는 수행은 亡身참회, 扣石참회로
표현된 점에서도 알 수 있듯이 懺悔수행의 일환이었다. 진표 수행
의 목표가 受戒였는데, 수계를 위해서는 우선 자신의 罪業을 참회
해야 했다.

> 5. 만약 在家者든 出家者든 諸衆生 등이 淸淨妙戒를 받고자 하나
> 이미 增上의 重罪로 받을 수 없는 자는 또한 마땅히 위와 같이
> 懺悔法을 닦아 至心으로 身·口·意의 善相을 얻으면 곧 (계를)
> 받을 수 있다.[45]

『占察經』에서는 受戒를 위해서는 먼저 자신의 罪業을 참회해야
한다고 서술하고 있다. 즉, 惡業이 많고 두터운 이는 禪定과 智慧보
다 참회의 법을 먼저 닦아야 한다고 언급하면서 낮과 밤에 각각
행할 참회방법을 제시하였다. 그리고 악업을 없애고 청정함을
얻는 데에는 사람의 근기에 따라 달라 7일, 2·7일, 3·7일, 百日,
千日이 소요되는데, 罪障이 매우 중한 자는 용맹심을 발하여 身命
을 아끼지 않는다는 생각으로 부지런히 稱念하며 밤낮으로 돌며
수면을 줄이는 등 목숨을 잃을지라도 결코 休退하지 않는다면
千日 동안에 반드시 청정함을 얻게 된다고 한다.[46]

설명이 진표의 수행을 연상시킨다고 하였다.

45) 『占察經』卷上 ;『大正新修大藏經』卷17, p.904c, "若在家若出家諸衆生等
  欲求受淸淨妙戒 而先已作增上重罪不得受者 亦當如上修懺悔法 令其至心得
  身口意善相已 卽應可受".

46) 『占察經』卷上 ;『大正新修大藏經』卷17, pp.903c~904c, "應當先觀宿世所

『占察經』에서 제시한 참회법은 禮佛, 勸請, 隨喜, 廻向 등 일반적인 禮懺法이지만, '身命을 아끼지 않는다'라든지 '목숨을 잃을지라도 결코 休退하지 않는다'라는 표현에서는 亡身懺悔와 같은 참회수행도 충분히 예상할 수 있다. 그리고 진표가 7일, 2·7일, 3·7일을 기한으로 망신참회를 행한 결과 지장보살과 미륵보살을 親見했고, 지장보살이 간자를, 미륵보살이 戒를 주었다는 것은 그의 수행이 『占察經』에 의한 것임을 말해주는 부분이다.[47]

특히 眞表가 亡身懺悔를 행한 목적은 親見受戒, 즉 戒를 받고자 함에 있었다.

6. 재가·출가자의 一切 禁戒인 소위 攝律儀戒 攝善法戒 攝化衆生戒를 통틀어 받기를 원하나 선하고 훌륭한 戒師로 널리 菩薩法藏을 이해하고 앞서 수행한 자를 얻을 수 없으면 응당 至心으로 도량 안에서 공경·공양하고 十方 모든 佛·菩薩에게 고하여 證師가 되어줄 것을 청해, 一心으로 願을 세워 戒相을 말하되 먼저 10根本重戒를 말하고, 다음으로 三聚淨戒를 통틀어 스스로 맹서하고서 받으니 이것 또한 戒律을 얻는 것이다.[48]

作惡業多少及以輕重 若惡業多厚者 不得卽學禪定智慧 應當先修懺悔之法 … 罪障輕微其心猛利意力强者 經七日後 卽得淸淨除諸障礙 如是衆生等業 有厚薄 諸根利鈍差別無量 或經二七日後而得淸淨 或經三七日 乃至或經七七日後而得淸淨 若過去現在俱有增上種種重罪者 或經百日而得淸淨 或經二百日 乃至或經千日而得淸淨 若極鈍根罪障最重者 但當能發勇猛之心不顧惜身命想 常勤稱念晝夜旋遶 減省睡眠禮懺發願 樂修供養不懈不廢 乃至失命要不休退 如是精進 於千日中必獲淸淨".

47) 김상현, 2001, 「팔광산동화사의 가풍과 종지」 『팔공산 동화사의 역사와 사상』, 25쪽.

『占察經』에서는 참회한 후 受戒하는데, 스승이 없을 경우 불·보살을 證師로 삼아 10戒와 三聚淨戒를 自誓受戒할 수 있음을 설명하였다. 진표의 경우 스승이 있었으나 스승에게 沙彌戒를 받았을 뿐이다. 즉 眞表는 20세가 안되어 親見受戒의 뜻을 세우고 참회수행을 했던 것이다. 그 결과 진표는 지장보살로부터 淨戒를 받았고, 미륵보살로부터 제8, 9의 간자를 받았다. 미륵보살로부터 받은 8, 9간자는 189가지의 果報差別之相 중 각각 받고자 하는 바의 묘계를 얻는 것(所欲受得妙戒)과 받은 바 계를 갖추는 것(所曾受得戒具)을 의미하므로 이 또한 受戒를 의미한다고 볼 수 있다.『占察經』에 말하는 三聚淨戒는『菩薩戒本』에 나오는데,『菩薩戒本』은 미륵의 諸說을 無着이 기록했다는『瑜伽師地論』의 菩薩地와 同本이다. 그러므로 미륵보살이 준 8, 9 두 간자가 의미하는 戒는 곧『占察經』에서 말한 三聚淨戒일 것이다.[49] 진표는 亡身懺悔를 통해 罪業을 제거한 후 지장과 미륵 두 보살을 證師로 삼아 自誓하여 三聚淨戒를 받았던 것이다.

이러한 진표의 亡身懺悔는 그의 제자들에게도 요구되었다.

7-① 이때 속리산 승려 永深이 승려 融宗·佛陀 등과 함께 율사의 처소를 찾아가 청하길 "우리들은 천리를 멀다않고 와서 戒法을

---

48) 『占察經』卷上 ;『大正新修大藏經』卷17, p.904c, "及願總受在家出家一切禁戒 所謂攝律儀戒 攝善法戒 攝化衆生戒 而不能得善好戒師廣解菩薩法藏先修行者 應當至心於道場內恭敬供養 仰告十方諸佛菩薩請爲師證 一心立願稱辯戒相 先說十根本重戒 次當總擧三種戒聚自誓而受 此亦得戒".

49) 김상현, 2001, 앞의 논문, 26~27쪽.

구하오니 원컨대 불교에 들어가는 이치를 가르쳐 주십시오.”
하였으나 율사가 대답이 없었다. 세 사람이 복숭아나무 위에
올라가 거꾸로 땅에 떨어져 용맹스럽게 참회를 하니 율사가
그제야 敎를 전하고 머리를 씻어주며 드디어 가사·바리때와
『供養次第秘法』1권과 『占察經』2권과 189개 간자를 주었다.[50]
7-② 마침 속리산에서 深公이 진표율사의 부처뼈로 만든 간자로
果證法會를 설한다는 소문을 듣고 뜻을 결단하고 찾아갔더니
기일이 늦어 참례가 허락되지 않았다. 이내 마당에 자리를
펴고 뜰을 치면서 다른 무리를 따라 참회를 하였다. … 그의
팔뚝과 이마에서 피가 흘러 마치 진표공의 仙溪山에서의 모습
과 비슷하였다. 지장보살이 날마다 와서 위문하니 법회 자리가
파하고 절로 돌아오는 도중에 보니 두 패쪽이 옷깃 틈에 있었
다.[51]

永深을 비롯한 融宗·佛陀는 복숭아나무 위에 올라가 땅에 거꾸
로 떨어지는 용맹스런 참회를 보여주고서야 비로소 眞表로부터
敎法을 전수받을 수 있었으며, 心地 또한 법회에 참석한 사람들을
따라 참회하다가 팔꿈치와 이마에 피가 흐를 정도로 禮懺을 하니
8, 9 두 간자가 저절로 따라왔다. 즉 敎法을 전수받기 위해서는

---

50) 『三國遺事』 卷4 義解5 關東楓岳鉢淵藪石記, “時俗離山大德永深 與大德融宗
   佛陁等 同詣律師所 伸請曰 我等不遠千里 來求戒法 願授法門 師默然不答
   三人者乘桃樹上 倒墮於地 勇猛懺悔 師乃傳敎灌頂”.

51) 『三國遺事』 卷4 義解5 心地繼祖, “適聞俗離山深公傳表律師佛骨簡子 設果訂
   法會 決意披尋 既至後期 不許衆例 乃席地扣庭 隨衆禮懺 … 退處房中 向堂潛
   禮 肘額俱血 類表公之仙溪山也 地藏菩薩日來問慰 泊席罷還山 途中見二簡
   子貼在衣褶間”.

무엇보다 懺悔, 亡身懺悔를 수행해야 했다. 7-①에서 永深이 '戒法을 구한다'고 한 점이나 7-②에서 戒를 의미하는 8, 9간자가 心地의 품에 들어갔다는 것에서 이들이 참회 후 受戒했을 것으로 짐작된다.

이처럼 진표와 그의 제자들이 懺悔·受戒를 중시하였던 바, 이는 앞 장에서 살펴본 바와 같이 오대산신앙 속에 참회가 수행법으로 자리 잡고 있었기에 진표 또한 이러한 분위기를 계승하면서 보다 참회를 강화했던 것이다. 또한 참회와 수계는 점찰법의 한 과정이기도 했다. 『占察經』에 의하면 宿世 善惡의 業을 점쳐 보고 그 惡業을 懺悔하여 제거한 후 戒를 받으며, 그런 후에 三世 果報의 差別相을 살펴보는 순서로 占察法을 시행한다고 기록되어 있다. 그러므로 진표의 참회·수계는 『占察經』을 근거로 점찰법의 시행과 관련하여 이루어진 것임을 알 수 있다.

3. 189간자를 사용한 점찰법회

진표는 亡身懺悔를 통해 地藏菩薩에게 戒를 받고, 彌勒菩薩에게 簡子를 받았다. 그런데 진표가 미륵보살로부터 받은 간자의 수와 종류가 기록마다 조금씩 다르다.[52]

---

52) 이런 다양한 기록은 진표 이야기가 변형되었고, 점찰법이 초기에 여러 방법으로 시도되다가 189간자로 정립되었음을 말해준다고 한다(박광연, 2006, 앞의 논문, 9쪽).

140

8-① 그러나 뜻이 慈氏(미륵보살)에게 있어 감히 중지하지 못하고 마침내 靈山寺로 옮겨 또 처음처럼 부지런하고 용감하게 수행하였다. 과연 미륵보살이 감응하여 나타나『占察經』2권과 함께 證果 簡子 189개를 주었다.[53]

8-② 3·7일을 채우자 곧 天眼을 얻어 兜率天衆이 오는 모습을 보았다. 이때 地藏·慈氏가 앞에 나타나 … 地藏보살이 戒本을 주었고, 慈氏보살은 다시 2栍 하나는 9간자 다른 하나는 8간자를 주었다.[54]

8-③ 3·7일 새벽에 이르러 … 慈氏보살이 몸소 三法衣와 瓦鉢을 주고, 다시 이름을 사여하여 眞表라 하였다. 또 무릎 아래에서 두 가지 물건을 꺼냈는데, 뼈도 아니고 옥도 아닌 것으로 곧 籤檢하는 도구였다. 하나는 九者라 하고 다른 하나는 八者라 하는데 각 2字를 진표에게 부촉하며 말하길, "만약 사람이 戒를 구하면 마땅히 먼저 懺罪해야 하는데, 罪福은 곧 성품을 持犯한다"라고 하고, 다시 108籤을 더 주었는데 籤 위에 108煩惱의 名目이 적혀 있었다.[55]

8-①의「傳簡」에서는 眞表가 미륵보살에게『占察經』과 189개

---

53)『三國遺事』卷4 義解5 眞表傳簡, "然志存慈氏 故不敢中止 乃移靈山寺 又勵勇如初 果感彌力 現授占察經兩卷 竝證果簡子一百八十九介".

54)『三國遺事』卷4 義解5 關東楓岳鉢淵藪石記, "滿三七日 即得天眼 見兜率天衆來儀之相 於是地藏慈氏現前 … 地藏授與戒本 慈氏復與二栍 一題曰九者 一題八者".

55)『宋高僧傳』卷14 唐百濟國金山寺眞表傳, "至第三七日質明 … 慈氏躬授三法衣瓦鉢 復賜名曰眞表. 又於膝下出二物 非牙非玉 乃籤檢之制也 一題曰九者 一題曰八者 各二字 付度表云 若人求戒 當先懺罪 罪福則持犯性也 更加一百八籤 籤上署百八煩惱名目".

간자를 받았다고 한다. 8-②「石記」에 의하면, 진표는 미륵보살로부터 8, 9 두 柱만 전해 받았다. 그러나 그가 제자 永深 등에게 傳敎할 때에는 스승 順濟로부터 받았던 가사·바리때·『供養次第秘法』1권·『占察經』2권과 함께 간자 189매를 주었고, 여기에 더하여 미륵의 진생인 8, 9간자를 주었다고 하였다. 그리고 8-③의『宋高僧傳』「眞表傳」에서도 미륵보살이 8, 9 두 籤 외에 다시 108籤을 진표에게 건넸다고 한다. 기록에 따라 차이는 있지만 어쨌든 진표는 8, 9간자를 포함하여 189개 혹은 108개의 간자를 사용하였음을 알 수 있다. 즉『점찰경』에서는 과보차별상을 살펴보기 위해 6개의 목륜을 사용한다고 한 것과는 명확히 다르다.

> 9. 壇을 만드는 法은 占察經의 六輪과는 조금 달랐으나 수행은 산중에 전해지는 本規와 같았다.[56]

위 기록은「傳簡」에서 永深이 진표의 점찰법을 전수받아 계승하였음을 전하는 내용의 뒷부분에 나온다. 그러므로 이는 永深이 실시한 점찰법에 대한 설명으로 볼 수 있다. 한편 위 기록에 보이는 '山中'이란 당연히 영심이 점찰법회를 연 俗離山을 가리키는 것이고, 이 속리산은 일찍이 진표가 金山寺에서 나와 溟州로 가던 길에 길상초가 난 곳을 표시해 두었던 장소이기도 하다.[57]

---

56)『三國遺事』卷4 義解5 眞表傳簡, "作壇之法 與占察六輪稍異 修如山中所傳本規".

57)『三國遺事』卷4 義解5 關東楓岳鉢淵藪石記, "持此還歸俗離山 山有吉祥草生處 於此創立精舍".

142

또한 앞서 살펴본 바와 같이, 진표는 미륵보살로부터 ‘證果’ 簡子
를 받았고, 永深에게 교법을 전수받은 心地도 영심이 속리산에서
‘果證法會’를 연다는 소식을 듣고 찾아왔었다.[58] 진표에서 영심으
로 이어지는 점찰법은 ‘果報’를 증명하는 법회라는 같은 성격을
띠고 있었으므로, 위 기록 또한 진표의 점찰법에 대한 설명으로
봐도 무방할 것이다. 진표에서 영심으로 이어진 점찰법에 대해
‘占察經의 六輪과 조금 다르다’라고 하였는데, 이 표현에서 우선
이들이 행한 점찰법이 『占察經』에서 말하는 六輪相法에 기초한
것임을 알 수 있다.

10. 만일 三世 동안에 받는 과보의 차별을 점쳐 살피려고 하면
또 나무를 깎아 6개의 輪을 만드는 것이니, 이 6개의 윤에 1·2·3,
4·5·6, 7·8·9 … 16·17·18의 숫자를 거기에 쓴다. 하나의 숫자는
한 면에만 하며, 각각 3면에 기재하되 숫자의 차례는 섞이거나
어지럽지 않게 할 것이다. … 만일 오는 세상의 부처님의 제자들
이 三世 안에 받는 과보에 의심되는 뜻을 결정하고자 하는
자는 이 셋째 輪相을 3번 던져서 그 수를 합계하고 그 수에
의지하여 점쳐 보아 그것으로 善惡을 결정하는 것이다. 이렇게
보는 바의 三世의 果報인 善惡의 相에는 189종이 있다.[59]

<hr>

58) 『三國遺事』 卷4 義解5 心地繼祖, “寓止中岳 適聞俗離山深公 傳表律師佛骨簡
    子 設果證法會 決意披尋”.

59) 『占察經』 上卷 ; 『大正新修大藏經』 卷17, pp.905a~905b, “若欲占察三世中
    受報差別者 當復刻木爲六輪 於此六輪 以一二三四五六七八九十十一十二十
    三十四十五十六十七十八等數書字記之 一數主一面各書三面 令數次第不錯
    不亂 … 若未來世佛諸弟子 於三世中所受果報欲使決疑意者 應當三擲此第
    三輪相占計合數 依數觀之以定善惡 如是所觀三世果報善惡之相 有一百八十

『占察經』에서 말하는 六輪相法은 4면으로 된 목륜을 6개 만들어 1에서 18까지의 수를 각각에 1·2·3, 4·5·6, … 16·17·18로 3개씩 써, 이를 3번 던져 나온 수의 합을 통해 果報의 差別相을 알아보는 방식이다. 이렇게 해서 나올 수 있는 合의 경우의 수가 189가지이므로 이를 189종 善惡果報差別之相이라고도 한다. 진표가 189개 간자를 만들어 점찰법을 실시했다는 것은 『占察經』의 六輪法과는 그 방식이 다르지만, 189가지 과보차별상을 각각의 간자로 나타낸 것으로 '과보'를 점쳐 살핀다는 점에서 『점찰경』에서 말하는 세 번째 점찰법인 六輪法과 그 목적이 같았다고 할 수 있다.

『점찰경』에서 말하는 세 번째 점찰법을 실시하려면 6개의 목륜을 던지든 189개의 간자나 첨자를 사용하든, 어쨌든 189가지의 과보차별상의 내용을 알아야 한다. 그리고 이 189가지의 과보차별상의 내용은 『점찰경』에 일일이 열거되어 있으므로, 세 번째 점찰법은 『점찰경』에 의거해야만 과보차별상을 확인할 수 있다. 앞 장에서 살펴본 바와 같이 일찍이 신문왕대 흥륜사에서 육륜회가 개최되고 있었고, 7세기 중엽 이 경이 신라사회에 전해졌을 것으로 보았다. 다만 흥륜사의 육륜회도 189개의 간자로 果報를 점쳐보는 법회였는지 알 수 없지만, 그 명칭으로 보아 『占察經』의 六輪相法이 아니었을까 한다. 그러므로 189개의 간자를 사용하는 점찰법은 진표에 의해 성립된, 새로운 점찰법이었다고 하겠다. 眞表의 전기 기록에 미륵보살이 진표에게 189개의 간자를 주었다

九種".

든지 8, 9간자가 미륵의 손가락뼈라는 것은, 189간자를 이용한 점찰법이 진표에 의해 성립되었음을 설화적으로 표현한 것으로 생각된다.

그럼 眞表의 점찰법회는 어떤 모습이었을까?

11. 마침 속리산에서 心公이 眞表律師의 불골간자를 전수하여 과증 법회를 개설한다는 소식을 듣고 결의하여 찾아갔더니 이미 기일에 늦어 그 대열에 참가하는 것이 허락되지 않았다. 이내 마당에 자리를 잡고 뜰에 (머리를) 치면서 다른 무리들을 따라 懺悔하였다. 7일이 지나 하늘에서 비와 눈이 몹시 내리는데 그가 서있는 자리 사방 열 자에는 눈이 내리지 않으므로 여럿이 그 신기로움을 보고 허락하여 불당 안으로 끌어들였다. 사양하며 병을 핑계로 그곳에서 물러나 방에서 堂을 향해 예배하였다. 팔꿈치와 이마에서 피가 흐르는 것이 眞表의 仙溪山에서의 일과 같았다. 地藏菩薩이 날마다 와서 위로 하였다. 법회가 끝나고 산으로 돌아갈 때 도중에 두 간자가 옷섶 사이에 붙어 있는 것을 보았다.[60]

위 내용은 心地가 永深의 占察法會에 참석한 일을 기록한 것이지만, 영심이 진표의 점찰법회을 계승하였으니 진표의 점찰법회도 이와 다르지 않았을 것이다. 여기서 '대열'이란 법회를 위해 마련

---

60) 『三國遺事』 卷4 義解5 心地繼祖, "適聞俗離山深公傳表律師佛骨簡 設果訂法會 決意披尋 旣至後期 不許叅例 乃席地扣庭 隨衆禮懺 經七日 天大雨雪 所立地方十尺許 雪飄不下 衆見其神異 許引入堂地 撝謙稱恙 退處房中 向堂潛禮 肘顙俱血 類表公之仙溪山也 地藏菩薩日來問慰 泊席罷還山 途中見二簡子貼在衣褶間".

한 壇이나 법당을 가리키며 점찰법회의 의식이 이루어지는 장소일 것이다. 心地가 법회에 늦게 도착하는 바람에 대열에 참가하지 못하고 뜰에서 무리를 따라 '참회'했다고 하였다. 앞서 살펴보았듯이『占察經』에 의하면 과거 業의 善惡을 점쳐보고, 그 業의 强弱·大小를 관찰한 후, '참회'를 통해 그 罪를 소멸하고 受戒하며, 마지막으로 果報의 차별상을 살펴본다고 하였다. 그러므로 심지가 '참회'하고 있었다는 것은 이미 점찰법이 실시된 후였음을 보여주며, 이는 진표계의 점찰법회에서 세 번째 과보차별상의 관찰뿐 아니라 첫 번째 두 번째의 점찰법도 시행했음을 짐작케 한다. 그리고 심지는『점찰경』에서 말한 것처럼 7일을 참회한 후 異蹟을 보이기 시작했다.

堂에 오르는 것이 허락된 후에도 心地는 피를 흘리는 참회 수행을 계속하여 地藏菩薩의 문안과 위로를 받았다고 하는데, 그 亡身懺悔의 모습이 진표와 같았다고 했듯이 지장보살의 위로도 또한 '淨戒'의 수여를 의미하는 것이 아닐까 한다. 심지는 懺悔, 受戒한 후에 이어서 마지막으로 189개 간자를 이용한 삼세 과보차별상을 살펴보았을 것이다.

그런데 위 기록으로는 189개의 간자로 어떻게 점찰법을 실시했는지 알 수 없다.『宋高僧傳』의「眞表傳」에 진표의 점찰법이 상세히 전하고 있다.

12. 만약 戒를 구하는 사람은 혹은 90일, 혹은 40일, 혹은 3·7일 동안 참회를 행하되 고통이 이르기까지 정진해야 한다. 기한이

146

차서 끝나면 9·8 두 籤과 108첨을 합쳐 佛前에서 공중에 던져 그 籤이 떨어지면 이로써 죄가 멸하였는지 멸하지 못했는지의 相을 증험한다. 만약 108籤이 사방으로 날아 떨어지고 오직 8·9 두 籤만 壇 중앙에 서게 되면 즉 上上品戒를 얻는다. 만약 衆籤이 비록 멀리 떨어졌으나 혹 한 두 개가 9·8籤에 닿으면 그것을 잡아 어떤 번뇌명인지 보고 그 사람으로 하여금 다시 참회케 하고 끝나면 참회한 煩惱籤과 9·8첨을 가져와 그 번뇌참을 던져 떨어지면 中品戒라 한다. 만약 衆籤이 九·八첨을 덮으면 죄가 멸하지 못해 계를 얻지 못한다. 懺悔를 거듭하여 90일이 지나면 下品戒를 얻는다.[61]

이 기록에 의하면 우선 90일이든 40일이든 기한을 정해 참회하고, 그 후 8, 9籤子와 108첨자를 던져 그 겹침과 떨어짐을 통해 죄의 소멸 여부를 확인하고 그에 따른 계를 얻을 수 있다고 한다. 여기서 말하는 108이란 6根(眼·耳·鼻·舌·身·意)으로 6塵(色·聲·香·味·觸·法)을 대할 때 각각 好·惡·平等의 3가지가 일어나므로 18가지의 번뇌가 일어나고, 또 苦·樂·捨 3受가 있어 18가지 번뇌를 내니, 모두 합하여 36종이며, 이것이 과거·현재·미래 3世에 일어난다면 108번뇌가 되는 것이다.『占察經』의 六輪相法에서 목륜에 새긴 1~18의 '18'이란 數도 無明에 의한 6根이 생기고, 이에 대응하

---

61)『宋高僧傳』卷14 唐百濟國金山寺眞表傳, "如求戒人 或九十日 或四十日 或三七日行懺 苦到精進 期滿限終 將九八二籤參合百八者 佛前望空而擲 其籤墮地 以驗罪滅不滅之相 若百八籤飛逗四畔 唯八九二籤卓然壇心而立者 即得上上品戒焉 若衆籤雖遠 或一二來觸九八籤 拈觀是何煩惱名 仰令前人重覆懺悔已 止將重悔煩惱籤和九八者 擲其煩惱籤 去者名中品戒焉 若衆籤埋覆九八者 則罪不滅 不得戒也 設加懺悔過九十日 得下品戒焉".

여 밖으로 6塵이 있으며, 그로 인해 6識이 일어남으로 생겨나는 18가지 번뇌를 의미한다.[62] 「傳簡」에서도 미륵보살이 證果 簡子 189개를 주면서 "이 두 간자는 나의 손가락 뼈이며, 나머지는 모두 沈檀木으로 만든 것으로 諸煩惱를 비유한다."[63]고 하였다. 108이나 육륜상법의 18, 그리고 8·9간자를 제외한 187개의 간자 모두 '번뇌'를 의미하고 있었다. 그런 면에서 189간자와 108간자는 충분히 혼동될 여지가 있었다고 생각된다. 더욱이 189는 과보 차별상을 의미하는 것인데, 위 기록은 서두에서 언급하고 있는 것처럼 '戒를 구하는 사람'을 대상으로 그들이 懺悔한 결과 滅罪의 여부에 따라 受戒하는 방법을 기록하고 있다. 즉 懺悔受戒法을 설명하고 있는 것이다. 물론 참회·수계는 앞서 언급한 바와 같이 점찰법회의 한 과정이지만, 「眞表傳」의 내용은 참회·수계에 그치고 있다.

一然은 이러한 「眞表傳」의 108첨자에 대해 "이 8·9 두 간자는 다만 189 중에서 나온 것이다. 그런데 宋傳에서는 다만 108籤子라고 말하니 무슨 까닭인가? 아마 저 108번뇌의 이름으로 알고 이를 칭한 듯하니, 經文을 찾아보지 않은 듯하다"[64]라 하여 『宋高

---

62) 『占察經』 卷上 ; 『大正新修大藏經』 卷17, p.905a, "如是數相者 顯示一切衆生六根之聚 皆從如來藏自性淸淨心一實境界而起 依一實境界以之爲本 所謂依一實境界故 有彼無明不了一法界 謬念思惟現妄境界 分別取著集業因緣 生眼耳鼻舌身意等六根 以依內六根故 對外色聲香味觸法等六塵 起眼耳鼻舌身意等六識 以依六識故 於色聲香味觸法中 起違想順想非違非順等想 生十八種受".

63) 『三國遺事』 卷4 義解5 眞表傳簡, "斯二簡子是我手指骨 餘皆沈檀木造 喩諸煩惱".

148

僧傳』의 저자 贊寧(919~1001)이『占察經』을 보지 않았음을 지적
하였다.

眞表의 제자 중 중국으로 유학한 이가 없고 교법이 신라 내에서
만 傳受된 점을 볼 때 진표가 행한 점찰법의 내용이 자세하게
중국에 알려졌다고 보기는 어렵다.65) 진표의 점찰법은 189개의
간자를 사용하되 그중 8, 9 두 간자를 중시한 것이 특징이며,
또한 그의 몸을 던지고 피를 흘리며 수행한 亡身懺悔도 사람들에
게 깊은 인상을 남겼을 것이다. 따라서 진표의 점찰법이 중국에
알려질 때에는 이러한 참회와 8·9간자를 중심으로 전해졌을 것이
며, 이에 참회와 189간자를 이용한 점찰법이 혼동되고 있었을
것이라 생각된다. 예컨대『宋高僧傳』은 元曉傳을 보면『金剛三昧
經』에 얽힌 일화를 중심으로 싣고 있는 등 외국 승려인 신라
승려에 대해 기록할 때는 매우 특징적인 부분만 부각시켜 서술하
였다.66) 따라서 贊寧은 두 간자를 중심에 놓고 진표의 점찰법을
서술하면서, '만약 사람이 戒를 구하면 마땅히 먼저 懺罪해야
한다'라는 점에서 점찰법을 곧 受戒를 위한 懺罪라고 생각했고,

---

64)『三國遺事』卷4 義解5 心地繼祖, "此八九二簡 但從八百十九中而來者也
　　而宋傳但云百八籤子 何也 恐認彼百八煩惱之名而稱之 不捜尋經文爾".

65)『宋高僧傳』「眞表傳」에서 眞表를 百濟人이라 명기하고 금산사에서의
　　활동만 서술된 점 등에서 후백제가 진표를 의도적으로 선양했고, 후백
　　제를 통해 吳越國에 전해진 진표 이야기가 贊寧에 의해 기록되었다고
　　한다(박광연, 2006, 앞의 논문, 3쪽).

66)『宋高僧傳』卷30 新羅國黃龍寺元曉傳 ;『大正新修大藏經』卷50, p.730/
　　金相鉉, 1992,「『金剛三昧經論』의 緣起說話考」『伽山李智冠스님 華甲紀念
　　論叢 韓國佛敎文化思想史』卷上.

참죄의 대상으로 108번뇌를 떠올려 108첨자를 사용한 것으로 이해하지 않았나 생각한다. 贊寧은 開封으로 오기 전 杭州에서 주로 활동했는데, 당시 항주 上天竺寺에서 觀音懺이 유행하였으므로 贊寧이 그 영향을 받았을 가능성이 있다고 보기도 한다.[67]

진표의 189개 간자는 『占察經』에서 말하는 189가지 과보차별상과 각각 대응하는 것이다. 이 많은 간자를 던지는 방식으로 그 과보상을 살피기는 어려웠을 것이며, 오히려 '뽑는 형식'으로 행해졌을 것이라 생각된다.[68] 추측해 보자면, 가령 어떤 사람이 49번 간자를 뽑았다면 '大富를 구한다면 재물이 가득함을 얻을 것이다'라는 과보를 살피게 되는 것이며, 109번을 뽑는 경우 '향하는 곳마다 厄難이 있게 되리라'는 과보를, 183번을 선택하면 '이 몸을 버린 뒤 도솔천에 나게 되리라'는 과보를 얻게 되었을 것이다.[69]

이렇게 『占察經』에 서술되어 있는 점찰법에 따라 시행된 점찰법회는 眞表에서부터 시작되어 永深에게 전해졌고, 다시 心地에게로 이어졌다. 이러한 진표계 점찰법회는 『占察經』에 충실하면서

---

67) 남동신, 2006, 「麗末鮮初의 僞經 硏究」『韓國思想史學』 24, 258~259쪽. 『석문정통』의 기록을 들고 있는데, 이 기록에는 100懺과 130懺을 언급하고 있을 뿐이다.

68) 박광연, 2006, 앞의 논문. 한편 『三國遺事』 卷2 紀異2 眞聖女大王 居陀知에 의하면, 중국으로 가던 신라 사신단이 풍랑을 만나 섬에 머물게 되었는데, 풍랑을 잠재우기 위해서는 한 명을 섬에 남겨두어야 했고, 이때 이들은 木簡에 각자의 이름을 써서 제비뽑기를 하였다고 한다.

69) 『占察經』 卷上 ; 『大正新修大藏經』 卷17, pp.905c~906c, "四十九者 求大富 財盈滿 … 一百九者 所向處有厄難 … 一百八十三者 捨身已生兜率天".

도 한편으로 189간자를 이용해 果報差別相을 살펴보는『占察經』
과는 다른 방식을 취함으로써 '果證法會'로 불렸던 것이며, 이것이
진표계 점찰법의 가장 큰 특징으로 자리 잡게 되었다.

「石記」에서는 眞表가 미륵보살로부터 8, 9 두 栍만 받았으며,
진표가 永深을 비롯한 제자에게 전수할 때에는 미륵진생 8, 9간자
외에 189매도 주었다. 그리고 영심에서 심지로 교법이 전해질
때에는 8, 9 두 간자가 傳法의 증표가 되었다. 더구나 8, 9간자는
미륵의 손가락뼈라 하여 신성시되었으므로 이 두 간자는 전법·전
수의 상징물이 되었다. 앞서 본 바와 같이, 永深이나 心地는 亡身懺
悔를 통해 자신의 의지를 보인 후에야 8, 9간자를 받음으로써
敎法을 전해 받았다. 8, 9간자가 戒法을 의미하므로 진표, 영심,
심지는 모두 망신참회 후 이 두 간자를 수지함으로써 受戒할
수 있었다. 그러므로 진표계 점찰법은 8, 9 간자를 傳法의 상징물로
삼고, 189간자를 그 방편으로 삼았다고 볼 수 있겠다.

4. 眞表系 점찰법회의 확대

진표의 점찰법회는 그 자신뿐 아니라 영심, 심지 등 제자들에
의해 신라 곳곳으로 확대되어 시행되었다.

13-① 律師가 敎法을 이미 받고 金山寺를 창건하고자 산을 내려
　　 왔다. … 律師가 단월에게 권하여 彌勒丈六像을 주성하고 다시
　　 金堂 南壁에 (미륵보살이) 내려와 受戒하는 위엄있는 모습을

그렸다. … 律師가 金山에서 나와 俗離山을 향해 가는데 길에서 소달구지를 탄 사람을 만났다. 그 소가 율사 앞에 무릎을 꿇고 울었다. … 그 사람이 듣고 마침내 말하길, "畜生도 오히려 이 같은 信心이 있는데 하물며 사람인 내가 어찌 마음이 없겠습니까?" 하고, 곧 손으로 낫을 잡고 스스로 머리카락을 잘랐다. 율사가 悲心으로 다시 머리를 깎아주고 受戒하였다. 가다가 俗離山 洞裏에 이르러 吉祥草가 난 곳을 보고 표시해 두었다. 다시 溟州 海邊을 향해 천천히 가던 중 물고기와 자라 등이 바다에서 나와 율사 앞에 몸을 엮어 육지처럼 만드니, 율사가 밟고 바다로 들어가 戒法을 唱念하고 돌아왔다. 高城郡에 이르러 皆骨山(금강산)에 들어가 비로소 鉢淵藪를 창건하고 占察法會를 열어 7년을 머물렀다. 이때 溟州 경계에 흉년이 들어 사람들이 굶주렸다. 율사가 그들을 위해 계법을 설하여, 사람들이 받들어 三寶를 지극히 공경하니, 갑자기 高城海邊에 무수한 물고기가 저절로 죽어 나와 사람들이 이것을 팔아 식량으로 삼아 죽음을 면할 수 있었다.[70]

13-② 眞表가 이미 聖莂을 받고 金山에 와 머물면서 매년 壇을 열고 널리 法施를 베푸니, 壇席의 정성과 엄함이 末世에는 아직 없었다. 교화가 두루 미쳐 돌아다니다 阿瑟羅州에 이르니, 섬과 섬 사이에 魚鼈이 다리를 이루어 물속으로 (진표를) 맞아 들였

---

70) 『三國遺事』卷4 義解5 關東楓岳鉢淵藪石記, "復畫下降受戒威儀之相於金堂南壁 師出金山向俗離山 路逢駕牛乘車者 其牛等向師前 跪膝而泣 … 其人聞已 乃曰 畜生尙有如是信心 況我爲人 豈無心乎 卽以手執鎌 自斷頭髮 師以悲心 更爲祝髮受戒 行至俗離山洞裏 見吉祥草所生處而識之 還向溟州海邊 徐行次 有魚鼈黿鼉等類 出海向師前 綴身如陸 師踏而入海 唱念戒法還出 行至高城郡 入皆骨山 始創鉢淵藪 開占察法會 住七年 時溟州界年穀不登 人民飢饉 師爲說戒法 人人奉持 致敬三寶 俄於高城海邊 有無數魚類 自死而出 人民賣此爲食 得免死".

다. … 景德王이 이를 듣고 궁궐로 맞이하여 菩薩戒를 받고, 租7만7천 섬을 내리고, 왕비와 외척도 모두 戒品을 받아 비단 5백단과 황금 50냥을 보시하니 (진표가) 이를 모두 받아 諸山에 나누어 널리 불사를 일으켰다.[71]

먼저 眞表가 교화활동을 펼친 지역은 13-②의 「傳簡」에 의하면 금산사-강릉-경주 등지이며, 13-①의 「石記」에는 이보다 좀 더 자세하게 금산사-속리산-강릉-금강산 등 여러 지역으로 나타나고 있다. 眞表가 景德王과 왕비 등에게 菩薩戒를 주고 布施로 받은 租 7만7천석과 황금 50냥을 '諸 山寺에 나누어 베풀어 널리 佛事를 일으켰다'고 한 것을 통해 여러 지역에서 교화활동을 펼쳤음을 짐작할 수 있다.

위 기록을 보면, 진표의 교화활동은 '說戒', '授戒'로 이루어지고 있는 것이 특징이다. 진표는 地藏과 彌勒 두 보살을 親見한 후 금산사에 머물렀는데, 「傳簡」에서는 '매년 壇을 열어 法施를 널리 베풀었다'라 하고, 「石記」에서는 단월의 도움으로 彌勒丈六像과 미륵보살이 내려와 戒를 주는 모습의 벽화를 그렸다고 한다. 917년 惠居國師가 금산사 義靜律師의 戒壇에 나아가 具足戒를 받았다고 하는데,[72] 이 계단은 진표가 금산사에서 開壇法施하면서

---

71) 『三國遺事』 卷4 義解5 眞表傳簡, "表旣受聖荊 來住金山 每歲開壇 恢張法施 壇席精嚴 末季未之有也 風化旣周 遊涉到阿瑟羅州 島嶼間魚鼈成橋 迎入水 中 講法受戒 … 景德王聞之 迎入宮闈 受菩薩戒 嚫租七萬七千石 椒庭列岳皆 受戒品 施絹五百端 黃金五十兩 皆容受之 分施諸山 廣興佛事".

72) 「葛陽寺 惠居國師碑」, "就金山寺義靜律師戒壇 受具" ; 한국역사연구회 편, 1996, 『譯註 羅末麗初金石文(上)』, 혜안, 342쪽.

이루어진 것이 아닌가 한다. 현재 금산사의 方等戒壇도 이러한 戒法의 의미를 보여준다.[73] 미륵보살이 授戒하는 모습을 벽화로 그렸다는 것도 眞表가 戒法을 중시하였음을 보여주는 한 단면이다.

이후 眞表는 금산사에서 속리산으로 가는 도중에, 길에서 만난 사람의 머리를 깎아주고 戒도 주었다. 溟州 해변에서는 水中에 들어가 戒法을 설하였으며, 이 지역에 흉년이 들자 戒法을 설하여 그들을 죽음으로부터 구제하였다. 이렇듯 진표의 교화활동은 '戒'를 매개로 이루어졌기 때문에 그를 '律師'라고 칭하는 것도 당연한 일이었다.

위 기록에서 보듯이 진표의 교화는 그 활동지역이 지방이었던 만큼 지방민을 중심으로 하였으며, 수중 魚鼈에까지 戒를 설했다는 것은 그의 교화가 폭넓게 미치고 있었음을 상징적으로 표현한 것이다. 이러한 교화활동으로 인해 眞表는 경덕왕의 부름을 받게 되었고, 왕과 왕비 등에게도 菩薩戒를 주었다.

眞表가 교화활동을 통해 전한 戒는 무엇일까? 『占察經』에서는 三聚淨戒를 언급하고 있는데, 진표가 망신참회를 통해 지장보살로부터 戒를 받았으므로, 자신이 받은 戒나 수여한 戒도 三聚淨戒일 것이다. 후술하겠지만 三聚淨戒란 攝律儀戒, 攝善法戒, 攝衆生戒로 大乘菩薩戒이다. 따라서 受戒를 통해 이루어진 眞表의 활동은

---

73) 금산사 방등계단이 『미륵상생경』을 상징적으로 표현한 것이며, 『미륵상생경』에서는 戒法을 더욱 강조하고 있다(尹汝聖, 1989, 「新羅 眞表의 佛敎信仰과 金山寺」 『全北史學』 11·12, 34쪽).

사람들에게 菩薩戒를 실천하도록 교화했을 것이다.[74] 이러한 菩薩戒의 수지는 果報의 因이 되는 것이었다. 과보차별상을 중시한 眞表가 戒를 중요하게 생각하는 것은 당연한 일이었으며, 나아가 수계를 위해서는 죄를 소멸시킬 참회를 강조할 수밖에 없었던 것이다.

진표 자신이 여러 지역을 돌아다니며 교화활동을 실천했듯이 그 제자들에게도 새로운 지역에서의 교화활동을 권했다. 즉 永深에게 자신이 다 하지 못한 속리산에서의 교화를 당부하였고, 心地 또한 永深에게 전해 받은 간자를 가지고 팔공산 동화사에서 교화 활동하였다.[75] 「傳簡」에 의하면 영심을 비롯한 제자들이 모두 '山門의 開祖'가 되었다고 하는데,[76] 이는 眞表의 敎法을 전수받은 제자들이 각 지역에서 활동했으며 이로 인해 그 교법과 교화활동이 신라사회에 널리 유포되었음을 시사한다.[77]

掘山門의 開祖인 梵日은 正趣菩薩像을 얻은 후 이 像을 안치할 장소를 정하고자 簡子를 만들어 던져 占을 쳤다고 하는데,[78] 眞表

---

74) 蔡印幻, 1988, 「新羅 眞表律師 硏究(Ⅲ)」 『佛敎學報』 25.

75) 863년 閔哀王을 위해 세운 동화사 비로암 삼층석탑 건립에 관여한 專知大德 心智와 동일 인물이라 생각된다(「閔哀王石塔 舍利盒記」 ; 韓國古代社會硏究所 編, 1992, 『譯註 韓國古代金石文』Ⅲ, 가락국사적개발연구소).

76) 『三國遺事』 卷4 義解5 眞表傳簡, "得法之袖領曰 永深·寶宗·信芳·体珎·珎海·眞善·釋忠等 皆爲山門祖".

77) 진표계 미륵신앙은 그 전승자가 분명한 만큼, 그들의 활동지역에 국한되었던 것으로 보기도 한다(金惠婉, 1992, 「新羅 下代의 彌勒信仰」 『成大史林』 8, 12쪽).

가 금강산에서 鉢淵藪를 창건할 때 '審卜地 創寺立塔'[79]했던 점이
나 心地가 永深으로부터 받은 간자를 보관할 장소를 정하고자
간자를 던졌던 방법과 동일하다.[80] 이를 통해 梵日이 진표의 점찰
법을 실시했다고 할 수는 없으나 그 영향은 읽을 수 있다.[81]
또한 梵日은 859년(憲安王 3)에 철원 深源寺의 地藏殿을 경영했다고
한다.[82] 그의 제자 開淸도 889년 草賊의 침입으로 掘山寺를 떠나
普賢山寺로 옮겨 갔으며, 이후 이 사찰을 地藏禪院으로 개칭하였
다.[83] 地藏殿이나 地藏禪院의 명칭을 통해서 梵日과 開淸이 지장보
살을 그들 신앙의 중심에 두었음을 알 수 있으며, 이는 진표계
점찰법의 영향이 아닐까 한다.

  한편 908년에는 異才가 八角燈樓를 세우고 이를 기념하여 公山

---

78) 『三國遺事』 卷3 塔像4 洛山二大聖 觀音 正趣 調信, "乃作簡子 卜其營構之地
    洛山上方吉 乃作殿三間 安其像".

79) 「高城 鉢淵寺 羅僧律師 葬骨塔碑」 『朝鮮金石總覽』上 ; 1976, 아세아문화
    사 영인본, 429쪽.

80) 『三國遺事』 卷4 義解5 心地繼祖, "今將擇地 奉安聖簡 非吾輩所能指定 請與
    三君憑高 擲簡以卜之".

81) 참회와 실천을 중심으로 하는 眞表系 法相宗이 禪風과 크게 배치되지
    않으므로 梵日이 점찰법을 받아들였을 것이라고 한다(金南允, 1984,
    「新羅中代 法相宗의 成立과 信仰」『韓國史論』 11, 서울대 국사학과). 또한
    미륵신앙과 관련해 梵日과 眞表가 서로 통하는 점이 있다고 본다(金興三,
    2002, 「羅末麗初 掘山門 硏究」, 강원대 박사학위논문, 87쪽).

82) 權相老 編, 1979, 『韓國寺刹全書』下, 동국대출판부, 777쪽/ 김흥삼, 2002,
    위의 논문, 83쪽 재인용.

83) 「地藏禪院 朗圓大師悟眞塔碑」, "爰有當州慕法弟子閔規關湆 欽風志切 慕道
    情深 早侍禪扉 頻申勤款 仍捨寶賢山寺 請以住持" ; 한국역사연구회, 1996,
    『譯註 羅末麗初金石文(上)』, 혜안, 73쪽.

桐寺 弘順大德을 좌주로 삼아 齋를 열었는데, 이 齋에는 흥륜사 融善呪師도 참여하였다.[84) 동화사 승려와 흥륜사 승려가 함께 하고 있다는 것은 두 사찰이 六輪相法을 실시하였다는 공통점에서 볼 때 충분히 가능하다고 여겨지며, 진표계 점찰법회 전통이 心地 이후에도 이어지고 있음을 보여주는 자료라 하겠다.

고려시기 睿宗(1079~1122)이 동화사에 보관 중이던 미륵진생 8·9간자를 가져다 瞻敬한 적이 있고,[85) 仁宗(1109~1146)대에는 속리산에서 점찰법회를 열기도 하였다.[86) 고려시대에 간자가 보관된 동화사뿐만 아니라 속리산도 점찰법회의 성지로 인식되고 있었던 것이다.

이렇게 8·9간자가 발연사 - 속리사 - 동화사로 전승되었다고 해서 진표계의 점찰법이 전승지로만 계승된 것은 아니었다. 8·9 간자와 점찰법은 오히려 다양한 지역으로 확대되어 점찰법의 확산을 가져왔으며,[87) 이들 여러 지역에서 다양한 사람들을 대상으로 교화를 펼칠 수 있게 되었다.[88)

---

84) 崔致遠,「新羅壽昌郡護國城八角燈樓記」『東文選』卷64, "其年孟冬 建燈樓 己 邀請公山桐寺弘順大德爲座主 … 有若泰然大德 靈達禪大德 景寂禪大德 持念緣善大德 興輪寺融善呪師等 龍象畢集 莊嚴法筵".

85)『三國遺事』卷4 義解5 心地繼祖, "本朝睿王 嘗取迎聖簡 致內瞻敬 忽失九者 一簡 以牙代之 送還本寺".

86) 金富軾,「俗離寺占察會疏」『東文選』卷110.

87) 金南允, 1995, 앞의 논문. 한편 진표 死後 진표의 미륵신앙은 제자 永深에 의해 속리산을 중심으로 새롭게 전개되었다고도 한다(金壽泰, 1997,「新羅末·高麗前期 淸州金氏와 法相宗」『中原文化論叢』1).

88) 心地의 경우 憲德王의 아들로 민애왕을 위한 동화사 비로암 삼층석탑

5. 진표계의 점찰법회와 미륵신앙

眞表의 占察法에서 주목되는 점은 彌勒菩薩의 등장과 그 역할이다. 소의경전인『占察經』에는 地藏菩薩이 등장할 뿐인데, 眞表는 亡身懺悔를 통해 지장보살로부터 戒를, 미륵보살로부터 簡子를 받았다. 미륵보살이 진표에게 준 제8, 제9간자의 의미에 대해「傳簡」에서는 新得妙戒, 曾得具戒라 하였는데, 이는『占察經』에서 말한 妙戒, 具戒와 같다.

14-① 8은 받고 싶어 하는 미묘한 계율을 얻는 것이고, 9는 일찍이 받았던 계율을 갖추는 것이다.[89]

14-② 미륵보살은 다시 간자 2개를 주니, 하나는 9간자라 하고, 다른 하나는 8간자라고 하였다. 律師에게 告하여 말하길, "이 두 간자는 내 손가락뼈로서 이것은 始覺과 本覺 두 覺을 말하는 것이다. 또 9간자는 法爾이고, 8간자는 新熏成佛種子이니, 이것으로써 果報를 마땅히 알아야 할 것이다." 하였다.[90]

건립을 주관하였으며, 영심으로부터 佛骨簡子를 얻을 뿐 衣鉢 등을 전해 받지 못한 점에서 진표계 신앙운동과 계통을 달리한다고 본다. 즉 심지의 활동은 진표 신앙운동을 회유, 그 영향력을 억제하려는 왕실의 노력을 나타내는 것이라고 보기도 한다(趙仁成, 1996,「彌勒信仰과 新羅社會」『震檀學報』82, 43~44쪽).

89)『占察經』上卷 ;『大正新修大藏經』卷17, p.905b, "八者 所欲受得妙戒. 九者 所曾受得戒具".

90)『三國遺事』卷4 義解5 關東楓岳鉢淵藪石記, "慈氏復與二牒 一題曰九者 一題八者 告師曰 此二簡子者 是吾手指骨 此喻始本二覺 又九者法爾 八者新熏成佛種子 以此當知果報".

그러나 14-②의 「石記」에서는 제8 간자는 始覺으로 新熏成佛種子이며, 제9 간자는 本覺으로 法爾라고 하였고, 『宋高僧傳』에서도 제8 간자를 新熏, 제9 간자를 本有라고 하였다. 온갖 경험이 축적되는 熏과 축적되어 가는 경험을 種子라 하는데, 경험에 의해 얻어지는 것을 新熏, 선천적으로 가지고 있는 것을 本有라고 한다. 이렇게 제8, 제9 간자를 唯識學의 熏習과 種子說에 비유하여 설명하기도 하였다. 후술하겠지만 이러한 유가유식학적 비유는 진표의 미륵사상과도 관련이 있다.

한편 『占察經』에서는 참회 후 받는 淸淨戒法으로 三聚淨戒를 언급하고 있다.

15. 저 중생들이 摩訶衍(대승)의 도를 익히려고 하여 보살의 근본이 되는 중한 계율 받기를 구하거나, 또는 속가에 있는 사람이거나 출가한 사람이거나 간에 그 모든 사람이 지켜야 할 계율인, 이른바 攝律儀戒·攝善法戒·攝化衆生戒를 통틀어 받기를 원하지만, 선하고 훌륭한 戒師로서 보살의 法藏을 자세하게 이해하고 있는 먼저 수행한 이를 얻을 수 없으면, 응당 지극한 마음으로 도량 안에서 공경하고 공양하며 시방의 모든 부처님과 보살에게 우러러 아뢰어 간청하여 증명법사[證師]를 삼아, 한 마음으로 원을 세워 계상(戒相)을 칭송하여 말하되 먼저 열 가지 근본이 되는 중한 계율을 말하고, 그 다음에는 3聚淨戒를 통틀어 거론해서 스스로 맹서하고 받으면 그것 또한 계율을 얻은 것입니다.[91]

---

91) 『占察經』上卷 ; 『大正新修大藏經』卷17, p.905c, "若彼衆生欲習摩訶衍道. 求受菩薩根本重戒. 及願總受在家出家一切禁戒. 所謂攝律儀戒. 攝善法戒. 攝化衆生戒 而不能得善好戒師 廣解菩薩法藏先修行者. 應當至心於道場內

『점찰경』에서 말하는 攝律儀戒·攝善法戒·攝化衆生戒가 삼취정계로 大乘瑜伽戒이다. 『瑜伽師地論』의 本地分 17地 가운데 제15 菩薩地의 初持瑜伽處 戒品은 일찍이 독립되어 『보살지지경』『보살선계경』 등으로 널리 유통되었으며, 이들 율경에서는 律儀戒·善法戒·饒益有情戒로 설명되고 있다.[92] 주지하다시피 無着이 '미륵' 보살의 교설을 편집하여 유식사상의 가장 중요한 자료로 꼽히는 『瑜伽師地論』을 비롯한 유가유식학의 자료를 간행하였다. 이로써 유식사상가들은 미륵보살을 교주로 여겼으며, 유식사상이 전해지는 곳에 미륵신앙도 따라 전해졌다.[93] 그러므로 진표의 제8, 9간자가 유식학의 용어로 설명되고, 『점찰경』에 삼취정계가 거론된 것을 볼 때, 진표의 점찰법회가 미륵보살 또는 미륵신앙과도 관련이 있을 수 있음을 짐작할 수 있다.

16. 律師는 敎法을 이미 받고, 金山寺를 창건하려고 산에서 내려와 大淵津에 이르니 갑자기 龍王이 나타나 옥가사를 바치고 8만 권속을 거느리고 금산수로 모셔갔다. 사방에서 사람들이 모여들어 며칠이 안 되어 이를 완성하였다. 다시 미륵보살이 감응하여 도솔천에서 구름을 타고 내려와 율사에게 戒法을 주니, 율사는 施主를 권하여 彌勒丈六像을 鑄成하고 다시 金堂 남쪽 벽에 下降하여 戒를 주는 모습을 그렸다. 불상을 甲辰(764) 6월 9일에

恭敬供養. 仰告十方諸佛菩薩請爲師證. 一心立願稱辭戒相. 先說十根本重戒. 次當總擧三種戒聚自誓而受. 此亦得戒".

92) 목정배, 2001, 『계율학개론』, 장경각, 196~197쪽.

93) 장지훈, 1997, 『한국고대미륵신앙연구』, 집문당, 82쪽.

鑄成하여 丙午(766) 5월1일에 金堂에 안치하니, 이 해가 大曆
元年이다.[94]

또한 진표는 스승에게 교법을 전수받고 금산사를 완성한 후,
다시 미륵보살로부터 '계법'을 받았고, 이에 미륵장육상을 주성
하였으며 미륵보살이 내려와 受戒하는 모습을 그린 벽화를 금당
에 안치했다고 한다. 금산사에 미륵장육상이 안치되었다는 점에
서 금산사에서 진표의 활동은 미륵신앙을 기반으로 이루어졌다
고 볼 수 있다.[95]

당시 신라에는 중국에서 玄奘·窺基의 慈恩派와 더불어 유식사
상의 양대산맥을 이룬 西明派 圓測의 제자 道證이 신라에 귀국하면
서[96] 유식사상이 신라불교계에 급속도로 유포되기 시작했다.
신문왕대 유식학승 憬興이 國老에 임명되기도 했고,[97] 유식승려

---

94) 『三國遺事』 卷4 義解5 關東楓岳鉢淵藪石記, "師受敎法已 欲創金山寺 下山而
 來 至大淵津 忽有龍王 出獻玉袈裟 將八萬眷屬 侍往金山藪 四方子來 不日成
 之 復感慈氏從兜率 駕雲而下 與師受戒法 師勸檀緣 鑄成彌勒丈六像 復畵下
 降受戒威儀之相於金堂南壁 於甲辰六月九日鑄成 丙午五月一日 安置金堂 是
 歲大曆元年也".

95) 진표가 미륵신앙을 내세운 것은, 이 지역이 백제 고토로 백제부흥운동의
 중요한 거점이었으므로 백제유민의 反신라적 감정이 강해 불교적 메시
 아인 미륵에 귀의하여 내세에 안락을 누릴 수 있다는 希願을 제시했다고
 한다. 특히 진표가 미륵도량으로 금산사를 중창함에 이 지역의 전통적
 龍신앙과 불교의 미륵신앙이 습합되었으며, 금산사 주변의 지명이 『彌
 勒下生經』의 彌勒下生處의 상황과 구조적 모티프가 같다고 한다(尹汝聖,
 1989, 「新羅 眞表의 佛敎信仰과 金山寺」 『全北史學』 11·12).

96) 『三國史記』 卷8 新羅本紀8 孝昭王 元年, "高僧道證 自唐迴上天文圖".

97) 『三國遺事』 卷5 感通7 憬興遇聖, "神文卽位 曲爲國老 住三郞寺".

인 義寂이 금산사에 머물면서 활동하였으며,[98] 景德王代에는 유가조사 太賢이 용장사에 머물면서 미륵장육상의 주위를 돌며 예배하였다.[99] 이러한 유식사상의 전파는 신라사회에 미륵신앙의 유행을 이끌었다.

한편 努肹夫得과 怛怛朴朴은 709년(聖德王 8)에 각각 미륵과 아미타불로 成道했는데, 757년(景德王 16)에 이를 기려 南月山에 南寺를 지어 미륵존상을 금당에 안치하고 아미타불상을 강당에 모셨다.[100] 뿐만 아니라 760년(경덕왕 19)에 두 해가 나타났을 때 '도솔가'를 불렀던 월명사는, 죽은 동생을 위해 쓴 향가에서 '미타찰'에서 만나길 기원하였다.[101] 이 예들은 경덕왕대 미륵신앙과 아미타신앙이 같이 신봉되고 있었음을 보여주며, 이보다 앞서 金至誠은 『유가론』을 읽었으며 聖德王 18년(719)에 亡父·亡姑를 위해 미륵과 아미타의 두 불상을 주조한 바 있다.[102] 이처럼 유식사상과 그에 따른 미륵신앙이 유행하는 신라불교계의 분위기 속에서 眞表도 그 영향을 받아 미륵신앙에 관심을 가졌을 가능성은 충분하다.

---

98) 최연식, 2003, 「義寂의 思想傾向과 海東法相宗에서의 위상」『불교학연구』 6, 43~46쪽.

99)『三國遺事』卷4 義解5 賢瑜珈 海華嚴, "瑜珈祖大德大賢 住南山茸長寺 寺有慈氏石丈六 賢常旋繞像".

100)『三國遺事』卷3 塔像4 南白月二聖 努肹夫得 怛怛朴朴.

101)『三國遺事』卷5 感通7 月明師兜率歌.

102)「甘山寺 彌勒·阿彌陀像 造像記」; 韓國古代社會研究所 編, 1992, 『譯註韓國古代金石文』Ⅲ, 가락국사적개발연구소.

다만 『점찰경』에는 설주로 지장보살이 등장할 뿐 미륵보살은 보이지 않는데, 그렇다면 진표의 점찰법회와 미륵신앙은 어떻게 연결될 수 있었을까. 앞서 진표의 전기에서 그가 계를 중시하였고, 친견수계하기 위해 망신참회를 실천하였음을 살펴보았다. 미륵 신앙은 十善業을 중심으로 한 持戒를 강조하는 신앙으로, 계율을 지니고 실천해야 미륵을 親見할 수 있다고 한다.103) 이에 진표는 망신참회 이전부터 미륵상 앞에서 계법을 구하였고, 망신참회 후 지장보살로부터 계를 받은 후 미륵보살을 친견할 수 있었다. 주지하다시피 지장보살은 석가모니와 미륵불 사이, 즉 無佛시대 에 중생을 구원하는 보살이다. 진표는 선악 업을 살펴 참회하며 보다 나은 과보를 기원하는 점찰법을 無佛시대 지장보살이 중생 을 구원하는 방편으로 인식하고, 최종적으로 미래불의 도래를 기원하고 있었던 것은 아닐까 한다.

이러한 철저한 戒行과 懺悔는 미륵상생신앙에서 더욱 강조되는 것으로, 진표의 미륵신앙을 상생신앙과 관련지어 보기도 한다. 하지만 위의 사료 16에서 보듯이, 미륵불을 조성하고 미륵보살이 '내려오는 모습'을 그렸다는 것은 下生신앙과 더 관련 있어 보인 다. 자신과 제자들을 대상으로 엄격한 계행과 참회를 요구할 수 있으나 일반인들을 교화하기에는 하생신앙이 더 적합하였을 것이다. 이후 하대에 미륵하생신앙이 유행하는 것을 볼 때 진표와

---

103) 장지훈, 1997, 앞의 책, 72쪽. '八關齋'를 受持함으로써 도솔천에 왕생하거 나 미륵불의 처소에 이를 수 있다고 하므로, 미륵신앙과 受戒·持戒의 관계를 알 수 있다.

그 제자들은 미륵하생신앙을 추구했다고 할 수 있다.[104]

통일기에 접어들면서 신라사회는 아미타신앙이 크게 유행하고 있었다. 아미타신앙은 자신의 노력보다 부처의 자비력에 의존함으로써 극락에 왕생하여 깨달음을 얻을 수 있고, 육도윤회에서 벗어날 수 있다고 한다. 경덕왕대에는 출가자뿐 아니라 재가자들에 의해 서방극락왕생을 위한 집단 수행, 즉 만일염불회가 많이 결성되었다.[105] 그리고 중대 아미타신앙은 사후의 극락왕생을 기원하기도 하지만, 현실긍정적인 성격이 강하여 현실세계에 아미타불의 극락정토를 구현하고자 하였다. 현실세계에서 극락정토의 구현은 곧 신라가 불국토라는 인식에 기초한 것으로, 광덕과 엄장, 노힐부득과 달달박박, 욱면 등 現人成佛 설화로까지 이어졌다. 그 과정에서 당연히 극락 외 다양한 정토, 즉 미륵정토 등에 대한 구현이 추구되었을 것이다.

한편 성덕왕부터 혜공왕에 이르는 시기에 자연재해와 기근, 전염병의 발생빈도가 다른 시기보다 높았다. 특히 756년(경덕왕 15)에 상대등 김사인이 재앙과 이상한 이들이 자주 나타난 것을

---

104) 진표는 미륵상생신앙을 추구하였으나 백성들에게는 미륵하생신앙을 강조하였을 것이라며 분리해 보기도 하며(金惠婉, 1992, 「新羅 下代의 彌勒信仰」『成大史林』8, 13쪽), 그 근거로 금산사에 방등계단인 도솔천궁과 그 아래 미륵전이 건립되어 있어 미륵상생·하생의 신앙적 요소를 모두 갖추고 있는 점(홍윤식, 1988, 「금산사가람과 미륵신앙」『한국불교사의 연구』, 교문사, 392~413쪽)을 들기도 한다.

105) 『三國遺事』卷5 感通7 郁面婢念佛西昇 ;『三國遺事』卷5 避隱8 布川山五比丘 ;『乾鳳寺本末事蹟』; 신종원, 1992, 「삼국유사 욱면비염불서승 조에 대한 일고찰」『사총』26.

164

들어 시국 정치의 잘잘못을 극론할 정도로 재해가 유달리 많았다. 前 해인 755년(경덕왕 14)에 분황사에 약사상을 주성하는 등 8세기 말에서 9세기 중엽에 약사불 조성이 급격하게 늘어났다.[106] 이같이 가뭄을 비롯한 잦은 자연재해로 고통을 받고 있는 상황에서 사람들은 사후의 극락왕생보다 현실의 고통이 해결되기를 더 바랐을 것이다. 중국의 법상종계 승려들은 극락왕생을 현세에 이루어지는 것이 아니라 먼 미래에 이루어지는 것이라는 別時義說을 주장하며, 극락에서 중생을 구제하는 아미타불보다 穢土에 와서 인간을 구제하는 미륵불의 자비심이 더 깊음을 내세웠다.[107] 더욱이 신라 下代에는 내세적인 극락, 죽은 자의 追善으로서의 극락왕생이 강조되었다고 하는데,[108] 8~9세기 신라사회상에서 볼 때 영원히 현세로 돌아올 수 없는 아미타신앙보다 정토를 말하면서도 현세적 요소를 갖춘 미륵신앙이 더 주목될 수 있었다고 생각된다.

미륵신앙의 경우, 인간세계에 내려온 미륵불의 설법을 듣고 성불하기 위해서는 人果를 받은 후 미륵불이 인간세계에 내려올 때를 기다려야 하며, 미륵보살이 머물고 있는 도솔천에 왕생하고자 한다면 도솔천은 欲界 제4天이므로 이 또한 天報를 받아야 가능하다. 즉 미륵신앙은 상생신앙이든 하생신앙이든 미륵을

---

106) 劉根子, 1994,「統一新羅 藥師佛像의 研究」『美術史學研究』 203, 81~82쪽.

107) 김영미, 1994, 앞의 책, 212쪽.

108) 신라 아미타신앙의 성격 변화에 대해서는 김영미, 1994, 앞의 책, 220~224쪽 참조.

만나기 위해서는 '윤회'를 해야 한다. 윤회 속에서 보다 나은 과보, 즉 天報나 人報를 받기 위해서는 현재에서 많은 공덕을 쌓아야 하고, 이를 위해 현세에서의 적극적인 활동이 요구되었던 것이다. 그런 의미에서, 참회를 강조하고 三世 과보를 점쳐 살피는 진표의 점찰법은 신라인의 호응을 얻을 수 있었을 것이다. 진표가 제자 永深 등에게 『점찰경』과 간자를 전하면서 "이 교법에 의거해 널리 人天을 제도하고 후세에 유포시켜라."라고 했는데,[109] 이는 점찰법을 통해 현세에서의 중생제도를 당부한 것이라 하겠다.

진표계 점찰법회의 이러한 현세 구제적인 모습은 금강산 발연수에서 분명하게 나타난다.

17. 高城郡에 이르러 皆骨山에 들어가 비로소 鉢淵藪를 창건하고 占察法會를 열어 7년을 머물렀다. 이때 溟州 境界에 곡식이 익지 않아 人民이 굶주렸다. 師가 戒法을 설하니 사람들이 받들어 수지하고 三寶를 공경하였다. 갑자기 高城의 海邊에 무수히 많은 魚類가 저절로 죽어 나왔다. 人民이 이것을 팔아 식량으로 삼아 죽음을 면할 수 있었다.[110]

진표는 금산사를 떠나 속리산을 거쳐 溟州 관내 高城郡에 이르러 鉢淵藪를 창건하고 점찰법회를 열며 7년간 이곳에 머물렀다.

---

109) 『三國遺事』 卷4 義解5 關東楓岳鉢淵藪石記, "依此教法 **廣度人天 流布後世**".

110) 『三國遺事』 卷4 義解5 關東楓岳鉢淵藪石記, "行至高城郡 入皆骨山 始創鉢淵藪 開占察法會 住七年 時溟州界年穀不登 人民飢饉 師爲說戒法 人人奉持 致敬三寶 俄於高城海邊 有無數魚類 自死而出 人民賣此爲食 得免死".

진표의 점찰법은 永深으로 전해지면서 속리산으로 옮겨 갔으나, 진표가 아버지를 봉양하면서 말년을 발연수에서 보냈다고 하므로, 이곳을 진표 점찰법의 중심지로 볼 수 있겠다.

위 사료를 보면, 진표가 발연수에서 점찰법회를 열고 있을 때 溟州지역 백성들이 饑饉으로 고통받는 모습을 보고 진표가 戒法을 설하여 사람들에게 수지하게 하니, 고성 해안의 물고기가 저절로 죽어 이것을 팔아 백성들의 굶주림을 해결했다는 일화가 소개되어 있다. 진표의 점찰법회가 과보를 점치는 것뿐만 아니라 지역민의 救恤과 같은 실질적인 중생제도를 실현하고 있었던 것이다.

또한『楡岾寺本末寺誌』에 실린「金剛山鉢淵寺開刱祖師眞表律師事蹟碑」에 의하면 진표가 발연사에 머물면서 약사여래를 도량주로 삼아 수행하여 국가를 도왔다고 한다.111) 실제로 진표가 약사여래를 주성하여 수행했는지는 알 수 없지만, 이 일화도 당시 가뭄과 기근이라는 사회적 재난을 극복하기 위해 적극적인 태도를 보인 진표의 행적을 반영하고 있는 것이 아닌가 한다.

진표계 점찰법회는 과보를 점쳐 살펴봄으로써 이에 참석한 사람들의 사후세계에 대한 의심·궁금증을 해결하면서, 또한 善報를 위한 善業을 강조하면서 懺悔와 戒를 통해 윤리적이고 도덕적인 생활을 장려하는 사회적 역할을 했을 것이다. 진표의 경우 소와 魚類 등이 언급될 정도로 사회적·경제적 지위가 낮은 사람

---

111)『乾鳳寺本末事蹟 楡岾寺本末寺誌』(1978, 아세아문화사 영인본), "又於鉢
　　淵藪 審卜地 或鑄成□立像 藥師如來爲道場主 依而修行 以補邦家".

들, 특히 지방민을 受戒의 대상으로 삼았으며, 溟州지역의 굶주린 사람들에게 戒를 주어 구제했다. 이 정도로 진표의 교화활동은 적극적이었으며 그 교화활동의 매개가 바로 점찰법회였으므로, 그의 점찰법회는 '법회'라는 의식을 통해 지방민의 결속을 강화하는데 이바지 했을 것으로 여겨진다. 그의 제자 永深의 果證法會에서 법당에 오르지 못한 채 뜰에 모여 머리를 땅에 조아리며 懺悔한 사람들의 모습을 통해서도 이러한 점찰법회의 대중교화적 역할을 읽을 수 있다.

眞表의 袈裟 한 벌과 戒간자 189개가 王建에게 바쳐졌다는 기록이 남아 있다.112) 진표와 그의 제자들이 직접 궁예나 견훤과 관계를 이룬 자료는 찾아볼 수 없으나, 미륵불을 자처한 궁예의 세력 기반이 溟州였으며,113) 견훤과 금산사의 관계 등을 고려해 볼 때 궁예나 견훤이 세력을 규합하거나 지역 민심을 확보하는데 진표계의 미륵신앙을 포용했을 가능성은 있다.114) 신라 말 지방을

---

112) 『三國遺事』卷4 義解5 心地繼祖, "又按本朝文士金寬毅所撰王代宗錄二卷云 羅末 新羅大德釋冲 獻太祖以表律師袈裟一領 戒簡百八十九枚 今與桐華寺所傳簡子 未詳同異". 한편 이 기록에 보이는 釋冲을 궁예에게 비판하다 죽임을 당한 釋聰과 동일인물로 보고, 석충이 왕건의 측근이었기에 궁예에 숙청당한 것(신호철, 1982, 「궁예의 정치적 성격-특히 불교와의 관계를 중심으로」『한국학보』29, 49~50쪽), 또는 진표의 자제들로부터 궁예가 배척당한 것으로 보기도 한다(조인성, 2007, 『태봉의 궁예정권 연구』, 푸른역사).

113) 궁예가 스스로 장군이라 칭하며 북원(원주)에서 아슬라(명주=강릉)으로 들어갈 때 무리가 600여 인이었으나(『삼국사기』권11 신라본기11 진성왕 8년 10월조), 명주에서 무리가 3,500인으로 늘었다(『삼국사기』권50 열전10 궁예)고 한다.

세력기반으로 하는 새로운 정치세력들에게 진표계 점찰법회가
가진 대중교화력은 주목을 끌기에 충분하였다.

6. 통일기 신라인의 果報 인식

불교 수용 후 업과 윤회사상이 전해지면서 사람들은 고통이
없는 내세와 보다 나은 다음 생에 대한 바람을 가지게 되었다.
이를 위해서는 전생의 악업을 제거하고 현생에 善業, 즉 공덕을
쌓아야 했는데, 대표적인 선업이 '보시'였다. 일찍이 선덕여왕
때 승려 양지가 영묘사 장육존상을 제작할 때, 도성 안의 남녀들이
진흙을 나르며 佛事에 참여했다.[115] 물질적인 보시가 아닌 노동력
까지 보시할 정도로 신라인들은 '보시'를 통한 공덕 활동에 적극
적으로 임하고 있었다. 통일기에 들어 보시 활동은 더 활발해졌다.

> 18-① 하루는 그 어머니가 돌아가시자, 蛇福이 "그대와 내가 옛날
> 경을 실었던 암소가 오늘 죽었으니 함께 장사지냄이 어떠한
> 가?" 하니 원효가 "좋다" 하였다. … 시신 앞에 이르러 고축하길,
> "나지 말지어다 그 죽음이 괴롭다. 죽지 말지어다 그 삶이
> 괴롭다" 하니, 사복이 "그 말이 번거롭다" 하자 다시 고쳐 "죽고
> 남이 괴롭다"고 하였다. … 사복이 글을 지어 "그 옛날 석가모니

---

114) 궁예의 미륵신앙을 신라 중대 太賢系의 미륵신앙 계통으로, 진표계와
　　다르다고 보기도 한다(김두진, 1981, 「고려초 법상종과 그 사상」『한우
　　근박사정년기념 사학논총』, 지식산업사, 117~118쪽).

115) 『三國遺事』 卷4 義解5 良志使錫.

는 사라수 사이로 열반에 드셨는데 지금 역시 그 같은 자가 있어 <u>연화장세계로 편히 들어가네</u>”라며 말을 마치고 띠풀을 뽑았더니 그 아래에 세계가 있는데, 황량하고 청허하며 칠보로 장식한 난간과 누각이 장엄하여 인간세상이 아니었다. 사복이 시체를 업고 함께 들어가니 갑자기 그 땅이 합쳐졌다.[116]

18-② 眞定은 신라인이다. 속인이었을 때는 군대에 적을 두었는데, 집이 가난하여 장가들지 못하였다. 部의 役을 하고 남는 시간에 품을 팔아 곡식을 얻어 홀어머니를 봉양하였다. 집 안에 재산을 계산해보니, 오직 다리가 부러진 철솥 하나뿐이었다. 하루는 어떤 스님이 문 앞에 이르러 절을 지을 철물을 구하자, 어머니는 철솥으로 시주하였다. … 어머니께 알려 말하길, “효를 마친 후에는 마땅히 의상법사에게 의탁하여 머리를 깎고 도를 배우겠습니다.” 하였다. … 어머니께서 말하길, “아! 내가 출가에 방해가 된다니, 나를 쉬이 지옥(泥黎)으로 떨어뜨리는구나. 오직 살아서 진수성찬(三牢七鼎)으로 봉양하는 것만이, 어찌 효라 할 수 있겠느냐! 나는 남의 문에서 옷과 음식을 하더라도, 또한 타고난 수명을 지킬 수 있으니, 반드시 나에게 효를 하고자 하거든 그런 말은 하지 말라.” … 3년 만에 어머니의 訃音이 이르렀고, 진정은 가부좌를 하고 禪定에 들어가 7일 만에 일어 났다. … 의상은 門徒를 거느리고 小伯山의 錐洞으로 돌아와, 풀을 엮어 집으로 삼고 무리 3천을 모아서 약 90일 간 華嚴大典을 강의하였다. … 강연을 마치고, 그 어머니가 꿈에 나타나 말하길, “<u>나는 이미 하늘에 환생하였다[生天]</u>”라고 하였다.[117]

18-③ 모량리의 빈녀 慶祖는 아들 大城과 함께 복안의 집에서 품팔

---

116) 『三國遺事』 卷4 義解5 蛇福不言.

117) 『三國遺事』 卷5 孝善9 眞定師孝善雙美.

이를 하며, 그 집에서 준 텃밭을 밑천으로 삼아 살고 있었다. 어느 날 점개가 흥륜사에서 육륜회를 시행하고자 복안의 집에 와서 시주를 권하였다. 점개가 "하나를 시주하면 만배를 얻고 안락을 누리고 수명이 길어지리라" 하니, 대성이 "우리가 전생에 선업이 없어 지금 가난한 것이니, <u>지금 보시를 하지 않으면 내세에 더욱 가난할 것이다. 밭을 법회에 시주하여 후생의 과보를 도모함</u>이 어떠하겠습니까?" 하니, 어머니가 좋다 하였다. 얼마 후 대성이 죽었는데, 이날 밤 宰相 金文亮의 집에 하늘에서 외치길, "牟梁里의 大成이란 아이가 지금 네 집에 태어난다"고 하였다.[118]

위 세 자료는 아들과 어머니, 즉 母子 가정이라는 공통점을 가지고 있으며, ②의 진정이나 ③의 대성 어머니가 품팔이를 통해 생계를 유지한 것으로 보아 ①의 사복도 이와 비슷하게 생계를 이어갔을 것이다. 이러한 어려운 환경 속에서도 보시를 행했다는 것은 이들의 佛心이 남달리 깊었음을 의미하지만, 한편으로 이들의 보시 활동과 과보에 대한 생각은 당시 신라 사람들의 일반적인 견해라고 봐도 무방할 것이다.

대성이나 진정의 어머니는 '현재' 자신들의 전 재산이라 할 텃밭과 쇠솥을 사찰에 보시함으로써 각각 재상의 아들과 生天이라는 과보를 받았다. 반면에 사복의 어머니는 '전생'에 불경을 나른 공덕으로 현생에 인간으로 태어났음을 전하고 있다. 다만 사복의 어머니는 死後에 아들과 함께 '연화장세계'로 들어갔다.

---

118) 『三國遺事』 卷5 孝善9 大城孝二世父母.

연화장세계는 곧 열반의 세계로, '生死가 꿈'라는 원효의 말에서 알 수 있듯이 생사의 윤회를 끊었다는 의미이다. 이 설화에서 신라인들은 윤회뿐 아니라 열반에 대해서도 이해하고 있었음을 볼 수 있다. 그러나 여기에 등장하는 원효나 사복은 승려로, 흥륜사 금당에 모셔진 10聖으로 칭송될 정도의 인물이었다.[119] 그러므로 사복 설화에 보이는 윤회와 열반에 대한 이해를 在家의 신라인에게까지 확대할 수 있을지는 의문이다.

19. 聖曆 3년(700) 경자년 6월 1일에 神睦太后가 마침내 세상을 떠나 높이 淨國에 오르고 大足 2년(702) 임인년 7월 27일에는 孝照大王도 승하하였다. 神龍 2년(706) 경오년 5월 30일에 지금의 대왕이 부처 사리 4과와 6치 크기의 순금제 미타상 1구와 무구정광대다라니경 1권을 석탑의 2층에 안치하였다. 이 福田으로 위로는 신문대왕과 신목태후, 효조대왕의 대대 聖廟가 열반산을 베고 보리수에 앉는데 보탬이 되기를 빈다.[120]

706년(성덕왕 5)에 작성한 <皇福寺金銅舍利函記>에도 '淨國'의 용어가 보이는데, 돌아가신 신문왕, 신목태후, 효소왕을 위한

---

119) 『三國遺事』卷3 興法3 東京興輪寺金堂十聖, "東壁坐庚向泥塑 我道·猒髑·惠宿·安含·義湘 西壁坐甲向泥塑 表訓·蛇巴·元曉·惠空·慈藏".

120) 「皇福寺金銅舍利函記」, "聖曆三年庚子六月一日 神睦太后遂以長辭 高昇淨國 大足二年壬寅七月卄七日 孝照大王, 登霞 神龍二年丙午五月卅日 今主大王 佛舍利 四全 金彌陀像六寸一軀 無垢淨光大陀羅尼經一卷 安置石塔第二層 以卜 以此福田上資 神文大 王 神睦太后 孝照大王 代代聖廟 枕涅盤之山 坐菩提之樹"(鄭炳三, 1992, 『譯註 韓國古代金石文』Ⅲ, 가락국사적개발연구원, 347~348쪽).

사리장엄의 안치에 아미타불상이 포함된 것을 볼 때 이 ‘정국’을 ‘극락’으로 볼 수 있으며, 당시 사후세계로 극락이 인식되고 있었음을 확인할 수 있다. ‘열반산’과 ‘보리수’라는 표현에서 윤회의 고통에서 벗어난 정토로서 극락에의 왕생을 염원했음을 알 수 있다.

20-① 開元 7년(719) 기미 2월 15일 중아찬 金志誠은 돌아가신 아버지 仁章 일길찬과 돌아가신 어머니 觀肖里를 위하여 감산사와 석조 아미타상 1구와 미륵상 1구를 삼가 조성하였다. … 개원 이찬공은 번뇌의 세속사를 벗어나 태어남이 없는 妙果를 증득하고, 동생 양성 소사, 현도사, 누나 고파리, 전처 고노리, 후처 아호리와 서형 급한 일길찬, 일동 살찬, 총경 대사, 누이 수힐매리 그리고 끝없는 법계의 일체 중생에게 미쳐 함께 **세속을 벗어나다 부처의 경지**에 오르소서. … 돌아가신 어머니 관초리 부인은 나이 66세에 고인이 되어 동해 바윗가에 (유골을) 흩뿌렸다.[121]

20-② 국주대왕과 이찬 개원공, 망고, 망비, 망제 소사 양성, 사문 현도, 망처 고로리, 망매 고보리 또 처 아호리 등을 위하여 그의 감산장전을 희사하여 이 가람을 세웠다. 이에 석조 아미타상 1구를 조성하니 엎드려 바라건대 이 작은 인연이 피안에까지 넘어가 **四生 六道의 중생 모두 보리를 증득**하소서. … 망고 인장 일길찬은 나이 47세에 고인이 되어 동해 바윗가에 (유골을)

---

121) 「감산사 미륵보살상 조상기」, “… 愷元伊湌公出有漏之囂埃 證无生之妙果 弟良誠小舍·玄度師·姉古巴里·前妻古老里·後妻阿好里 兼庶兄及漢一吉湌·一憧薩湌·聰敬 大舍·妹首盻買里 及无邊法界一切衆生 同出六塵 咸登十號 … 亡妣官肖里夫人 年六十六 古人成之 東海欣支邊散之”(김남윤, 1992, 『譯註 韓國古代金石文』Ⅲ, 가락국사적개발연구원).

흩뿌렸다. 후대에 추모하고 그리워하는 자는 이 선업의 도움이
있으리라. 김지전 중아찬은 삼가 생전에 이 선업을 만들었으며,
□十九 경신년 4월 22일 서거하여 □ 하였다.[122]

또한 719년(성덕왕 18)에 중아찬 김지성은 돌아가신 부모님을
위해 감산사를 세우고 미륵보살상과 아미타불을 조상하였다.
여기에 극락이나 도솔천이라는 표현은 없으나, '태어남이 없는
묘과', '부처의 경지', '보리의 증득' 등의 표현이 보이므로 윤회에
서 벗어나길 바랐음을 엿볼 수 있다. 이러한 사례들을 볼 때,
승려뿐 아니라 왕이나 관료, 지식인들은 본질적으로 육도윤회를
벗어나길 소망하였으며, 이러한 소망이 아미타상 조상과 함께
나타나는 경우가 많은 것을 보아 이들이 생각한 윤회를 벗어난
세계는 곧 '극락' 또는 '정토'였다고 하겠다.

이 시기 아미타신앙이 유행하면서 '극락'에 대해서는 일반 백성
들도 이해하고 있었다. 예컨대 문무왕대 광덕과 엄장은 누가
먼저 극락에 가는지를 놓고 각자 열심히 수행하였다. 광덕은
신을 삼아 생계를 유지하였고, 엄장은 농사를 지으며 살았으니
이들을 일반 백성으로 봐도 무리는 없을 것이다.[123] 이들이 '극락'

---

122) 「감산사 아미타불 조상기」, "… 故奉爲國主大王 伊湌愷 元公·亡考·亡妣·亡
弟小舍梁誠·沙門玄度·亡妻古路 里·亡妹古寶里 又爲妻阿好里等 捨其甘山
莊田 建此 伽藍 仍造石阿彌陀像一軀 伏願託此微因 超昇 彼岸 四生六道並證
菩提 … 亡考仁章一吉湌 年冊七 古人成之 東海欣支邊散也 後代追愛人者
此善助在哉 金志全重阿湌 敬生已前 此善業造 歲□十九, 庚申年 四月廿二日,
長逝爲□之"(김남윤, 1992, 『譯註 韓國古代金石文』Ⅲ, 가락국사적개발연
구원).

174

왕생을 목표로 수행했다는 것은 사후세계로 극락을 이해하고 있었음을 시사한다.[124] 원효가 "千村萬落에서 노래하고 춤추며 교화하고 돌아다닌 결과 가난하고 무지몽매한 무리들까지도 모두 부처의 호를 알게 되었고, 모두 南無를 칭하게 된"[125] 결과일 것이다. 원효는 아미타불의 명호를 염불하는 것만으로도 극락에 왕생할 수 있으며, 극락왕생은 곧 三界, 즉 윤회의 세계에서 벗어나는 길이라고 하였다.

한편 사료 18-②에서 진정의 어머니는 사복의 어머니와 마찬가지로 승려인 아들을 두고 있었다. 진정은 의상의 제자였으며, 그 어머니가 돌아가셨다는 소식을 듣고 의상이 제자들을 모아 『화엄경』을 강의하였다. 의상은 교학적으로 화엄사상을 기반으로 하며, 신앙적으로는 아미타신앙과 관음신앙을 강조하였던 바, 사후세계로 '극락'의 세계를 인정하고 있었다. 그러나 전 재산이나 마찬가지인 솥을 시주하고, 자식을 적극적으로 출가시켰던 진정의 어머니는 '극락'이 아닌 '天'에서의 환생을 말하였다. 여기서 '천'은 포괄적으로 극락을 포함한 사후세계를 의미하는 개념으로 볼 수도 있을 것이다. 그러나 이미 아미타신앙이 널리 유포되었고, 특히 승려의 어머니로 보시와 자식의 출가를 적극 독려했던 진정의 어머니가 '극락'을 몰랐을 리 없을 것이다. 그러므로 여기서 말하는 '천'은 극락과는 다른 의미가 있지 않을까 생각한다.

---

123) 『三國遺事』 卷5 感通7 廣德 嚴莊.

124) 김영미, 1994, 앞의 책, 225쪽.

125) 『三國遺事』 卷3 義解5 元曉不羈.

'天'이라는 공간은 예로부터 높고 존귀한, 함부로 범접하기 힘든 곳으로 인식되어 왔다. 신라인을 비롯한 고대인들에게 '천'은 외경의 대상이었으며, 고대 각국의 시조들은 모두 천손임을 내세웠다. 이러한 천손의식은 왕을 다른 귀족들과 구별짓고 지배를 정당화하는 논리로 작용하였다. 이후 불교가 수용되면서 불교 입장에서 '천'은 여전히 윤회하는 세계의 일부였으며, 더욱이 불교의 천은 하나가 아니라 수미산 꼭대기에 위치한 도리천을 비롯하여 欲界 6天, 色界 18天, 無色界 4天 등 많은 존재를 상정하고 있다.

불교 수용으로 인해 天에 대한 이해나 인식에 변화가 생겼지만, 기존에 가지고 있던 전통적인 天에 대한 인식이 완전히 사라진 것은 아니었다. 즉 진평왕이 내제석궁에 거동할 때 돌계단이 부러져 이를 후대에 보이도록 했다. 또한 진평왕 즉위 시에 天使가 궁궐 마당에 내려와 왕에게 옥대를 전해 주었으며, 이를 교외 제사나 종묘 제사 때 왕이 착용하였다고 한다.[126] 27대 선덕여왕 또한 자신을 '도리천'에 장사지내라고 유언하였다.[127] 진평왕대의 내제석궁은 天柱寺라고 하는데, 사찰 내에 제석천을 모셨던 곳이라 생각된다.[128] 제석천은 33천 즉 도리천의 중앙에 위치하여 諸天을 다스리는 존재로, 전통적인 天과 가장 유사하다고 할 수 있다.[129] 더욱이 天師로부터 옥대를 받았다는 것도 전통의 天

---

126)『三國遺事』卷1 紀異 天賜玉帶.

127)『三國遺事』卷1 紀異 善德王 知幾三事.

128) 진성규·이인철, 2003,『신라의 불교사원』, 백산자료원.

관념이 남아 있었음을 의미한다. 제석천을 모시고, 제석천이 다스리는 도리천에 장사지내라는 것은 불교를 공인한 후 신라왕실에서 기존의 天 의식을 불교적 天으로 전환시키고 있었음을 보여준다. 이후 치열한 전쟁의 시기를 겪으면서 무엇보다 '죽음'과 '사후세계'에 대한 관심이 커졌을 것이고, 이 시기 아미타신앙의 유행과 함께 '극락'이 사후세계로 인식되면서 전통적인 天의 자리를 대체해 갔다.

그러다가 성덕왕대에 아미타신앙과 더불어 미륵신앙이 다시 두각을 드러내기 시작했다. 709년(성덕왕 8)에 노힐부득이 먼저 미륵불이 되고, 그 뒤를 이어 달달박박도 미타불이 되어 구름을 타고 올랐다고 하는데,[130] 이는 그들이 각각 도솔천과 극락이라는 세계로 왕생했음을 표현한 것으로 볼 수 있겠다.[131] 그리고 사료 20에서 보듯이 김지성은 돌아가신 부모님을 위해 아미타불상뿐 아니라 미륵보살상도 조성하였다. 미륵보살상조상기 말미에 '亡妣 官肖里夫人은 66세에 고인이 되었다'라 하고, 아미타불상조상기 말미에 '亡考 仁章一吉湌은 47세에 고인이 되었다'라고 새겨져 있어 어머니를 위해 미륵보살상을, 아버지를 위해 아미타불상을 제작했음을 알 수 있다.[132] 여기서 아미타불상이 극락왕생을 염두

---

129) 고익진, 1989, 「삼국의 불교전래와 정착」 『한국고대불교사상사』, 동국대출판부.

130) 『三國遺事』 卷3 塔像4 南白月二聖 努肹夫得 怛怛朴朴.

131) 김남윤, 1993, 「新羅 彌勒信仰의 전개와 성격」 『역사연구』 2, 역사학연구소, 27쪽.

132) 性의 차이에 기인한 것으로 보기도 한다. 본래 극락정토에는 남성만

에 둔 것이라면, 미륵보살상은 '도솔천' 왕생을 기원한 것으로 볼 수 있겠다. 주지하다시피 미륵은 석가모니 사후 미래에 이 땅에 올 미래불로 3번의 설법을 통해 중생을 구제할 부처이며, 그 때까지 도솔천에 보살의 모습으로 머물고 있다. 그러므로 미륵불상이 아닌 미륵보살상을 조상한 것은 '도솔천' 왕생을 염두에 둔 것으로 생각된다.

　다만 극락과 도솔천은 둘다 淨土라 하지만, 실질적으로는 큰 차이가 있다. 정토는 열반과 동일하다고 할 수 없지만 三界를 벗어난 윤회하지 않는 세계로, 서방정토인 극락 또한 삼계 밖에 존재한다. 그러나 도솔천은 앞서 언급한 바와 같이 三界의 欲界 6天 중 제4천으로 극락과 달리 윤회하는 세계에 포함된다. 다만 도솔천에는 미륵이 머물고 있는 內宮과 남녀들이 모여 있는 外宮으로 나뉘어져 있으며, 내궁이 도솔천정토가 되는 것이다. 비록 도솔천의 내궁이 미륵이 머물고 있는 정토라 할지라도 도솔천 자체는 욕계의 天으로 윤회하는 세계에 속한다. 도솔천에 왕생한 이들은 미륵이 하생할 때 함께 내려와 미륵불의 설법에 참여하여 궁극적인 구원을 받게 되는 것이다. 그러므로 도솔'천'이라는 용어에서 알 수 있듯이, 도솔천은 정토로 인식되긴 하지만 극락과

존재한다고 하였으므로, 아버지와 김지성은 극락으로, 여성인 어머니는 도솔천으로 왕생할 것을 기원했다는 것이다(이경화, 2009, 「법상종에서 미륵정토와 아미타정토의 융합」『한국고대사연구』 56, 465쪽). 그러나 후술하겠지만 미륵보살상이 먼저 제작되고, 그후 아미타불상이 완성되기 전에 김지성이 사망함으로써 그의 이름을 아미타불상조상기에 덧붙인 것으로 생각된다.

같은 완성된 정토가 아닌 미완의 세계라 할 수 있다.[133]

비록 전통신앙의 天이 불교적 세계관에 따른 극락이나 정토로 대체되긴 했으나, 더욱이 불교에서도 다양한 '天'이 존재했기 때문에 '천'에 대한 전통적인 이해가 완전히 사라진 것은 아니었다. 일찍이 일반 백성들에게 '천'은 감히 닿을 수 없는 곳이었지만, 불교 수용 후 윤회사상이 알려지면서 접근 가능한 공간으로 받아들여지게 되었을 것이다. 물론 이들도 극락이나 윤회하지 않는 열반 등에 대해 알고 있었을 것이나, 외경의 대상이었던 '천'은 여전히 최고의 경지로 인식되었을 것이다. 그렇기 때문에 진정의 어머니처럼 '生天'이 사후의 '좋은 세계'로 이해되고 있었던 것이 아닐까. 18-③의 "지금 보시하지 않으면 내세에 더 가난해질 것이므로, 보시를 행해 후생의 과보를 도모하자"던 대성의 말처럼, 윤회사상을 받아들이고 이해하면서 윤회를 끊어야 한다고 생각하기보다 三惡道에 떨어지지 않고 보다 나은 '後生', 즉 현생보다는 부유하고 행복한 다음 생을 과보로 바랐다고 여겨진다.

한편 문무왕은 자신이 죽은 후 龍이 되어 국가와 불교를 수호하겠다는 의지를 표명하였다.

---

133) 도솔천과 극락의 차이점은 Carl B. Becker, 1993, *BREAKING THE CIRCLE -DEATH AND THE AFTERLIFE IN BUDDHISM*, SOUTHERN ILLINOIS UNIVERSITY PRESS 참조. 한편 중국 법상종의 개조인 규기(632~682)는 "아미타정토가 완성된 곳이라 해도 누구나 오를 수 없는 반면 미륵정토는 오히려 아직 완성되지 않았기 때문에 기대할 수 있다"고 하였다(이경화, 2009, 앞의 논문, 456쪽).

21. 왕이 평소에 항상 智義法師에게 이르기를 "짐은 죽은 뒤에 護國大龍이 되어 불법을 받들고 나라를 수호하고자 한다"고 하였다. 법사가 말하기를, "용이란 畜生報가 되는데 어찌합니까?"라고 하였다. 왕이 말하기를, "나는 세상의 영화를 싫어한 지 오랜 지라, 만약 나쁜 응보를 받아 축생이 된다면 짐의 뜻에 합당하다."고 하였다.[134]

지의법사의 말처럼 용은 축생보임에도 불구하고 문무왕은 나쁜 응보를 받아 축생이 되는 것이 오히려 자신의 뜻이라고 하였다. 열반을 추구하거나 천과 같이 좋은 과보를 바라는 것이 일반적인데, 문무왕은 국가와 불교를 수호할 목적에 삼악도의 하나인 축생보도 기꺼이 받아들이겠다고 하였다. 이는 업·윤회에 자신의 '의지'나 '목적'이 크게 작용하고 있음을 보여주며, 자신의 의지에 맞는 또는 현실적인 과보를 추구하는 모습을 보여주는 것이라 생각된다.

업과 윤회에 '의지'가 작용한다는 점에서 윤회하는 삼계를 벗어나고자 하는 종교적 열망과 함께 부유한 삶과 같은 현실적인 과보에 대한 열망도 컸다고 여겨진다.『점찰경』에 서술된 189가지의 과보차별상에도 '淨佛國에 태어난다'[135] 등의 궁극적 과보뿐 아니라 '大富를 구한다면 재물이 가득함을 얻을 것이다', '만나고자 하는 이는 만날 것이다'와[136] 같은 지극히 개인적이고 현실

---

134) 『三國遺事』卷2 文武王 法敏.

135) 『占察經』上卷 ;『大正新修大藏經』卷17, p.906c, "一百八十四者 捨身已生 淨佛國. 一百八十五者 捨身已尋見佛".

적인 과보도 있다. 이런 점 때문에 점찰법회가 각지에서 일반 백성들에게 크게 호응을 얻을 수 있었다고 생각된다.

한편 18-②에서 보듯이, 일찍이 진정은 의상에게 나아가 불법을 배우고 싶었으나 어머니의 봉양을 마친 후에 출가하기로 결심하였고, 이를 안 어머니는 '자신 때문에 출가를 못한다면 자신을 지옥에 빠뜨리는 것'이라고 하며 진정을 출가하도록 하였다. 아들의 출가를 막는 것이 '지옥'에 떨어질 죄가 되고, 반면에 출가한 아들 덕분에 그 어머니는 '生天'하였다. 개인의 '업'에 의한 과보가 자신에게만 미치는 것이 아니라 가족에게 영향을 줄 수 있다고 여기고 있었던 것이다. 18-③에서 대성 또한 텃밭을 시주하면서 자신만이 아닌 어머니와 자신을 위한 후생의 과보를 도모한 것이었다.

22. 도중에 어떤 여자가 앞에 울면서 절을 하며 말하기를 "나 또한 南閻州의 신라 사람인데 부모가 몰래 金剛寺의 논밭 1畝를 취한 것에 연죄되어 명부에 잡혀 와서 오랫동안 괴로움을 받고 있습니다. 지금 법사가 만약 옛 마을로 돌아가면 나의 부모에게 알려 빨리 그 논을 돌려주게 하십시오. 제가 세상에 있을 때 참기름을 침상 아래에 묻어 놓았고 아울러 곱게 짠 포를 침상과 요 사이에 넣어두었으니 원컨대 법사가 나의 기름을 취하여 법등을 켜고 그 포는 經을 위한 밑천으로 하여주시면 곧 황천에서 또한 은혜로워 저를 고뇌에서 벗어나게 해줄 것입니다."

---

136)『占察經』上卷 ;『大正新修大藏經』卷17, p.905c, "四十九者 求大富財盈滿 … 六十六者 所思人得會見".

> … 여자의 집을 찾아가니 여자가 죽은 지 15년이 지났는데
> 기름과 포는 그대로였다. 선율은 그 말에 따라 명복을 빌었다.
> 여자의 혼이 와서 말하기를 "법사의 은혜에 힘입어 저는 이미
> 고통에서 벗어나 해탈을 얻었습니다."라고 하였다.[137]

망덕사 승려였던 善律은 수명이 다하여 冥府에 갔으나 佛經을 사경하던 중이었기 때문에 그 공덕을 인정받아 인간세계로 다시 돌아왔다. 돌아오는 중에 한 여자를 만났고, 그 여자는 부모님이 사찰의 논밭을 훔친 죄에 연좌되어 명부에서 고통을 받고 있었다. 선율이 그녀의 부탁대로 기름과 포를 불경 사업에 시주하고 명복을 빌어주었더니 그녀가 고통에서 벗어나 해탈하였다고 하였다. 여기서 보면 부모의 죄로 인해 그 딸이 고통을 받았으며, 선율의 명복 기원으로 인해 그 고통에서 벗어날 수 있었다. 이 이야기 또한 업이 자신에게만 국한된 것이 아니라 가족에게도 미칠 수 있음을 보여주는 예이다.

본래 업에 의한 과보는 업을 행한 본인에게만 영향을 끼친다. 그러나 위 자료들에서 보았듯이 신라에서는 자신의 업이 가족의 과보에, 반대로 가족의 업이 자신의 과보를 결정할 수 있다고 믿었다. '家'가 사회의 기본 단위로 가족공동체 의식이 강했기 때문이다. 인도와 달리 중국에서는 家중심의 가족윤리인 孝가 중심이념으로 자리 잡고 있었고, 불교의 업·윤회사상을 수용하면서 자연히 孝를 중심으로 한 '家'단위의 삼세응보의 교설이 성립하

---

137) 『三國遺事』 卷5 感通7 善律還生.

게 되었다.[138] 중국불교를 수용한 신라를 비롯한 삼국 또한 이러한 업·윤회사상을 받아들였을 것이고, 위 자료들에서 보는 바와 같이 家의 부모와 자식은 업과 윤회에 있어 공동운명체로 인식되었다.

업과 윤회, 인과응보사상 자체가 사람들을 착하고 바른 삶을 살도록 이끄는 견인 역할을 했지만, 孝에 기초하여 나의 업이 가족에게도 미칠 수 있다는 인식은 윤리적인 행동을 강화시키는 촉진제가 되었을 것이다. 점찰법회가 처음에 선악의 업을 관찰하여 업과 윤회사상을 이해시키는 역할을 하였고, 이후 '참회'와 '계'의 수지를 강조함으로써 사람들의 윤리의식을 고양시키는 데 기여하였으며, 업과 참회의 결과로서 다양한 과보차별상을 제시함으로써 업·윤회사상에 대한 믿음, 나아가 불교에 대한 신앙을 고취시켰다. 점찰법회는 업·윤회사상을 전파하는 방편이자 사람들의 윤리의식을 강화시키는 사회사상이었다고 하겠다.

---

138) 藤堂恭俊, 1975, 「中國における佛敎の傳來と受容」『아시아불교사—중국편』 1, 34쪽/ 김영미, 1994, 앞의 책, 218쪽 재인용.

제5장 점찰법회의 사회·사상적 의미

7세기 圓光에 의해 신라에 전해진 점찰법회는 『점찰경』에 서술된 내용에 의거하기보다 그의 유학시절 見聞에 바탕을 두고, 宿歲善惡業을 관찰하는 방식으로 시행되었다. 점친 결과 惡業이 나올 경우 이를 제거하기 위해서는 懺悔해야 했고, 참회의 강조는 이후 오대산신앙 속에서 占察禮懺으로 자리 잡아 갔다. 그리고 명확한 시기는 알 수 없으나, 대략 7세기 중엽 『占察經』이 신라에 유입되면서 점찰법회 또한 경전의 내용을 근거로 한 六輪相法으로 바뀌었다. 그러나 신라에서 시행된 六輪相法 또한 『占察經』과는 조금 달랐다. 眞表에 의해 성립된 점찰법은 三世 果報의 差別相을 나타내는 189개의 간자를 사용했으며, 이중 계율을 나타내는 제8, 제9간자를 傳法의 상징으로 삼았다. 이러한 점찰법은 永深, 心地를 거치면서 眞表系의 占察法, 즉 신라만의 독특한 점찰법으로 확립되었다.

점찰법회가 수용된 7세기는 신라사회의 변화가 눈에 띄는 시기였다. 신라는 골품제라는 엄격한 신분제에 의해 운영되고 있었으

184

며, 그나마 골품제는 王京人에게만 주어지는 것이었다. 그러나
신라사회가 4~6세기를 거치면서 농업생산력이 크게 발달하여
民의 생산력이 중시됨으로써 民의 성장도 눈에 띄게 향상되었
다.[1] 특히 당시 삼국항쟁이 치열해지면서 전쟁, 조세, 力役 등에
동원하기 위한 보다 많은 수의 民이 필요하였고, 이에 복속민·피
정복민을 公民化하고 있었다.[2] 새로 편입된 지역의 유력자에게
'外位'를 수여하는 것이 바로 자국민으로 대우하려는 의지의 표명
임과 동시에 구체적인 조치의 하나였다.[3] 7세기 경에는 京位를
받는 지방민도 등장하는 등 점점 일체감을 형성하는 방향으로
진행되었다.

이러한 民의 사회·경제적 성장과 맞물려 이들을 대상으로 하는
교화활동도 활발하게 전개되었다. 惠宿은 好世郎의 郎徒였으나
安康縣 積善村에 은거하면서 진평왕의 초대를 거절하고 信徒 집에
서 7日齋를 지내주었다고 하며, 惠空은 天眞公 집의 고용살이
노파의 아들로 출가 후 삼태기를 지고 거리에서 노래하고 춤을
추고 다녀 負簣화상이라 불렸다.[4] 大安은 저자거리에서 바라를

---

1) 전덕재, 1990, 「4~6세기 농업생산력의 발달과 사회변동」 『역사와 현실』
   4.

2) 562년 대가야 평정에 참가했던 斯多含은 戰功으로 토지와 生口 200명을
   받았다. 그런데 토지는 부하 병사들에게 주었고 포로 200인은 良人으로
   만들었다(『三國史記』 卷4 新羅本紀4 진흥왕 23년). 이렇게 사다함이 포로
   를 良人으로 만들었다는 것은 이미 주변세력 주민을 新羅民化하는 움직
   임이 있었다는 것을 의미한다(金基興, 1993, 「韓國 殉葬制의 歷史的 性格」
   『建大史學』 8, 16~17쪽).

3) 河日植, 2006, 『신라 집권 관료제 연구』, 혜안.

치며 '大安 大安'을 노래하였다.[5] 거리에서 노래를 부르며 다닌 惠空과 大安의 모습은 '無㝵'라 이름 붙인 박을 두드리며 촌락을 돌아다닌 원효의 모습과 다르지 않다. 일찍이 원효는 諸經疏를 찬하면 매양 惠空에게 와서 질의하였으며,[6] 大安이 엮은 『金剛三昧經』의 論을 元曉가 저술했다고 하므로[7] 원효의 교화활동은 이들의 영향을 받은 것이다. 이들이 노래의 형식으로 교화활동을 펴고 있었던 것처럼, 일반민을 대상으로 하는 교화활동은 쉽게 이해하고 실천할 수 있어야 했다.

이런 점에서 이 시기에 시행된 점찰법회는 '占'이라는 전통적인 방식을 통해 지난 세상에 지은 業의 善惡을 보여줌으로써 불교의 業說을 보다 쉽고 명확하게 이해할 수 있게 하였다. 圓光이 檀越尼의 布施로 '占察寶'를 두었는데, 이는 점찰법회에 참가하는 사람들에게 '보시'행을 실천할 수 있는 기반을 마련해 준 것으로 생각된다. 보시는 罪를 소멸하고 善業을 쌓은 방편으로 재물뿐만 아니라 노동력의 제공도 가능했으므로[8] 일반민도 쉽게 행할 수 있는 종교적 실천이었을 것이다.

1. 原宗이 佛法을 일으킨 이래 津梁은 비로소 성립되었으나 堂奧는

---

4) 『三國遺事』 卷4 義解5 二惠同塵.

5) 『宋高僧傳』 卷4 唐新羅國黃龍寺元曉傳 ; 『大正新修大藏經』 卷50.

6) 『三國遺事』 卷4 義解5 二惠同塵.

7) 『三國遺事』 卷4 義解5 元曉不羈.

8) 『三國遺事』 卷4 義解5 良志使錫.

아직 이루어지지 않았다. 그러므로 歸戒滅懺法으로 우매한 중생을 깨우쳐 주어야 했다.[9]

　위 기록은 一然이 원광의 점찰법회에 대해 평가한 내용이다. 법흥왕이 불교를 공인한 이후 정치이념·사상으로 전개된 불교에서 이제 불교 본연의 모습인 중생 제도가 필요하며, 그 방법으로 점찰법회를 항규로 삼았다는 것이다. 이러한 一然의 평가는 7세기 교화승의 활동 등과 관련해서 볼 때 적절한 표현이라고 생각된다.

　신라가 삼국을 통일한 후에는 대중교화가 더욱 요구되었다. 삼국통일 후에 신라는 백제·고구려 유민에게 官等을 수여함으로써 그들을 포섭·융합하는 정책을 폈다. 673년(文武王 13) 백제 지배층을 일괄하여 편제하였고,[10] 686년(神文王 6)에 報德國이 소멸한 뒤 고구려인을 편제시켰다.[11] 673년 백제 지배층에게는 京位와 外位가 수여되었으나 686년 고구려인에게는 京位만 수여되었는데, 이는 그 사이 복속민에 대한 인식에 진전이 있었음을 보여준다. 나아가 백제민·고구려민·말갈국민을 군사력으로 편

---

9)『三國遺事』卷4 義解5 圓光西學, "原宗興法已來 津梁始置 而未遑堂奧 故宜以 歸戒滅懺之法 開曉愚迷".

10)『三國史記』卷40 志9 職官下 外官, "百濟人位 文武王十三年以百濟來人授內 外官 其位次視在本國官銜 京官 大奈麻本達率 奈麻本恩率 大舍本德率 舍知 本扞率 幢本奈率 大烏本將德 外官 貴干本達率 選干本恩率 上干本德率 干本 扞率 一伐本奈率 一尺本將德".

11)『三國史記』卷40 志9 職官下 外官, "高句麗人位 神文王元年以高句麗人授京 官 量本國官品授之 一吉湌本主簿 沙湌本大相 級湌本位頭大兄從大相 奈麻 本小相狄相 大舍本小兄 舍知本諸兄 吉次本先人 烏知本自位".

제하여 9誓幢 속에 편입시키고,[12) 옛 백제지역과 고구려지역을 확보하여 신라의 영토를 9州로 편제한 것도 정복민·복속민을 신라 民으로 포용하는 정책이었다.[13)

이렇게 삼국통일 후 '一統三韓'의 통합의식이 강조되는[14) 사회 상황 속에서, 불교계의 입장에서 보면 교화의 대상이나 지역이 확대되었다. 義湘이 영주 지역에 浮石寺를 창건한 것이 그 한 例라 할 수 있다. 또한 대중교화는 다양한 신앙의 유행으로 더욱 활발하게 이루어지고 있었다. 文武王代 신 삼는 일을 생업으로 하는 廣德과 농사짓는 嚴莊이 극락왕생을 위해 수행한 일화와 聖德王代 처자를 데리고 농사를 지으며 살았던 努肹夫得과 怛怛朴 朴이 각각 미륵과 미타로 성불한 例[15)에서 널리 대중화된 신라불 교의 모습을 읽을 수 있다. 元曉는 아미타불의 本願力에 의존함으

---

12) 『三國史記』 卷40 志9 職官下, "九誓幢 … 三曰白衿誓幢 文武王十二年 以百濟 民爲幢 衿色白靑 … 五曰黃衿誓幢 神文王三年 以高句麗民爲幢 衿色黃赤 六曰黑衿誓幢 神文王三年 以靺鞨國民爲幢 衿色黑幢 七曰碧衿誓幢 神文王 六年 以報德城民爲幢 衿色碧黃 八曰赤衿誓幢神文王六年 又以報德城民爲 幢, 衿色赤黑. 九曰靑衿誓幢 神文王七年 以百濟殘民爲幢 衿色靑白".

13) 삼국통일 후 신라가 옛 백제·고구려인을 편제한 방식은 통일 이후 정치·사회적 환경에 조응하여 새롭게 창안한 것이 아니라, 6세기 이후 정비해온 지배체제의 전통에 입각한 것이라고 보아 지배체제의 연속성 을 강조하였다(하일식, 2002, 「三國統一後 新羅 支配體制의 推移」『韓國古 代史硏究』 23).

14) 『三國史記』 卷43 列傳3 金庾信 下 ;『三國史記』 卷8 新羅本紀8 神文王 12년.

15) 『三國遺事』 卷5 感通7 廣德嚴莊 ;『三國遺事』 卷3 塔像4 南白月二聖 努肹夫 得과 怛怛朴朴.

로써 아미타불의 명호를 외우는 것만으로도 극락왕생할 수 있다고 하였으며, 일반민들은 쉽게 아미타신앙을 받아들였다.

아미타신앙의 유행은 신라인에게 윤회하지 않는 사후세계로 '極樂'을 인식시켜 주었다. 그러나 아미타신앙 사례에서 볼 때 死後세계로 極樂이 강조되는 것은 景德王代 이후 下代였다.[16] 이는 下代의 사회혼란과 관련이 있다.[17] 앞서 언급한 바와 같이 경덕왕대에는 자연재해가 극심하였고, 756년(경덕왕 15)에는 계속되는 재앙으로 시국 정치의 잘잘못을 극론하기도 하였다.[18] 급기야 760년(경덕왕 19)에는 두 해가 나타났다.[19] 이러한 일들은 경덕왕 후반기의 사회혼란을 반영하는 것이며, 혼란한 사회상황으로 인해 당시 신라 사람들은 자신의 미래나 사후세계에 대해 관심을 가지게 된 것이 아닌가 한다.

경덕왕 말년에 활동한 眞表가 果報差別相을 나타내는 189개 簡子를 가지고 점찰법을 실시한 것도 이러한 미래나 사후세계에 대한 관심이 높아져 가는 사회적 분위기를 반영한 것으로 생각된다. 진표 자신이 몸을 던지는 亡身懺悔를 행하고 그 제자들에게도 이를 요구한 점, 그리고 戒를 통해 교화활동을 편 점 등을 볼 때, 염불을 통한 극락왕생을 추구하기 보다는 현실의 삶에 충실할 것을 요구했다고 볼 수 있다. 그가 189가지의 과보차별상을 중시

---

16) 金英美, 1994, 『新羅佛敎思想史硏究』, 民族社, 222쪽.

17) 金英美, 1994, 위의 책, 252쪽.

18) 『三國史記』 卷9 新羅本紀9 景德王 16년.

19) 『三國遺事』 卷5 感通7 月明師兜率歌.

한 것 또한 현재의 業과 미래의 果報를 연계시켜 현세에서의 善業의 중요성을 강조한 것이다. 따라서 眞表가『占察經』의 說主인 지장보살보다 미륵보살의 親見을 최종의 목표로 수행하는 등 미륵신앙을 강조한 것은, 혼란한 현실사회에 대한 변화·개혁에 대한 바람이었다고 여겨진다.

한편 불교의 대중화로 인해 지방사회에 불교사상과 신앙이 많이 확산되면서 지방에서의 佛事 활동도 눈에 띄게 늘어났다. 673년 옛 백제지역인 충남 燕岐郡에서는「癸酉銘 阿彌陀三尊四面石像」「癸酉銘 三尊千佛碑像」이 제작되었는데,[20] 여기에 참가한 사람들의 수가 각각 50人과 250人이라고 한다. 또한 그들 중에는 백제 관등인 達率을 지닌 자도 있고 乃末·大舍 등 신라 京位를 가진 자도 있다.「癸酉銘 三尊千佛碑像」에서 참가자 250인을 '香徒'라고 하므로, 이들은 모두 燕岐 지방의 유력자로 볼 수 있다. 이로써 신라가 비록 백제지역을 9州 속에 편제해 넣었다고 하나, 새롭게 지역을 구획한 것이 아니라 기존 백제의 지방 구획을 대체로 계승했음을 알 수 있다. 685년(神文王 5)에 확립된 9州 5小京 117郡 293縣의 지방제도는, 757년(景德王 16)에 군현의 명칭을 漢式으로 改名하였으나 기본적인 큰 틀에는 변동이 없었다.[21]

---

20)「癸酉銘 阿彌陀三尊四面石像」「癸酉銘 三尊千佛碑像」; 韓國古代社會研究所 編, 1992,『譯註 韓國古代金石文』Ⅱ, 179~189쪽.

21) 경덕왕대 군현제 개편이 漢式으로의 改名에 그친 것이 아니라, 현에서 군으로 승격된 군이 7곳, 군에서 현으로 강등된 현이 2곳 등 실질적인 조정이 있었다고 한다(한준수, 1998,「신라 경덕왕대 군현제의 개편」『북악사론』5, 102~103쪽). 그러나 이는 소폭의 조정이며, 기본적인

그러므로 각 지방이 전통적으로 가지고 있었던 지역적 기반은 신라 말까지 지속되었다고 볼 수 있다.

　하지만 자연재해 등으로 말미암아 수취체계가 흔들리게 되자 지방에 대한 통제 또한 힘들어졌다.[22] 이로써 지방에서는 전통적으로 가지고 있던 지역적 기반을 중심으로 더욱 결속하려는 움직임이 보였다. 中代 말부터 지방에서 香徒와 結社의 결성이 눈에 띄게 늘어났다. 景德王 7년(748)에 高城에서는 發徵 외 승려 31, 香徒 약 2,000人이 참가하는 萬日會가 열렸고,[23] 景德王 8년(749)에 海南에서는 승려 3인과 村主, 香徒 100인이 사찰을 건립하기 위해 모였다.[24] 景文王 5년(865)에는 철원에서 승려와 居士 1,500여人이 結緣하여 불상을 조성하였다.[25] 이처럼 香徒는 불상이나 사찰의 조성 또는 법회에 布施, 禮拜를 위해 경제력이나 노동력을 제공하기 위해 결성된 조직이었다. 이러한 향도나 결사 조직은 郡縣 또는 지역촌 단위로 종교적 행사·의식을 실시함으로써 지방사회

틀에는 변동이 없다고 하겠다.

22) 신문왕대 지방제도의 정비와 함께 '녹읍'이 폐지되었으며, 경덕왕대 군현개명과 함께 '녹읍'이 부활되었다. 지방지배체제의 정비는 곧 수취체계의 정비이며, 경덕왕대 군현명을 고친 것은 계속되는 자연재해로 수취체계가 흔들리자 이를 보완하기 위한 노력이었으며, 결국 녹읍의 부활하게 된 것으로 생각된다.

23) 趙秉弼 撰, 「乾鳳寺蓮會碑」; 『乾鳳寺本末事蹟』(1978, 아세아문화사 영인본).

24) 「美黃寺碑銘」 『朝鮮金石總覽』下(1976, 아세아문화사 영인본).

25) 「到彼岸寺毘盧遮那佛造像記」; 韓國古代社會研究所 編, 1992, 『譯註 韓國古代金石文』Ⅲ.

의 결속을 다지는 기능을 담당했다고 한다.[26]

　眞表와 그 제자들의 활동을 보면, 金山寺, 金剛山, 俗離山, 八公山 등 한 지역이 아닌 다른 지역으로 확대되어 갔다. 이러한 활동들이 이후 지방에서 香徒나 結社가 이루어질 수 있었던 기반이 되지 않았을까 한다. 좀 더 소급해 보자면 신라사회에 처음 점찰법회가 실시된 곳이 嘉栖岬으로, 비록 王京에서 가까운 지역이라 하나 지방이었고, 따라서 법회의 대상도 지역민이었을 것이다. 점찰법회가 왕경에서도 실시되었지만, 경덕왕 이후에는 거의 지방에서 이루어지고 있는 것을 볼 때, 불교의 대중화 특히 지방으로의 전파에 점찰법회가 크게 기여했음을 알 수 있다.

　앞서 언급한 바와 같이 元曉는 누구나 아미타불의 명호를 외우면 極樂往生할 수 있다고 주장하였다. 그는 광대들이 놀리는 큰 박을 얻어 '無㝵'라고 하고 이것을 가지고 여러 村落에서 노래하고 춤추며 교화하고 다녀 가난하고 무지몽매한 사람들까지도 모두 부처의 명호를 알고, 南無를 칭하게 되었다고 한다.[27] 다만 그의 활동은 왕경을 중심으로 이루어졌다.

　義湘의 경우도, 文武王이 그를 공경하여 田莊과 奴僕을 베풀어주려 하자 "우리들의 佛法은 평등하여 高下가 함께 均等하고 貴賤이 같은 도리를 지니고 있습니다. … 무엇 때문에 田莊이 필요하고, 어찌 奴僕을 거느리겠습니까?"[28]하며 거절하였다. 義湘은 불교의

---

26) 채웅석, 2000, 『고려시대의 국가와 지방사회』, 서울대학교출판부, 43~58쪽.

27) 『三國遺事』 卷4 義解5 元曉不羈.

평등사상을 강조하여 교단 내에서도 평등을 실현하였다. 의상의 교단 내에는 伊亮公의 종이었던 智通과 매우 가난하게 살았던 眞定 같은 사람이 출가하여 수행하고 있었다. 이들이 義湘의 문하에 모여들었다는 것은 의상의 교화가 신라사회에 널리 퍼져 일반민에게까지 알려졌음을 의미하는 것이다.[29]

이처럼 개인적으로 또는 敎團 내에서 불교대중화의 움직임이 활발하게 진행되었는데, 진표의 점찰법회는 이러한 흐름을 이어가면서 '法會' 등의 儀式을 통해 여러 지역에서 교화활동을 펴고 있었다. 진표가 溟州지역에서 기근으로 고통을 받는 사람들에게 戒를 주어 구제한 사실과 제자 永深의 果證法會에 뜰에 모인 사람들이 오체투지하고 있었던 사실들을 보면, 儀式을 통한 교화활동은 이에 참가하는 지방민들의 결속을 강화하는 역할도 담당했을 것으로 생각된다.

또한 신라에서 菩薩戒를 받은 왕은 진평왕과 경덕왕뿐인데, 이 두 왕에게 戒를 준 승려가 바로 圓光과 眞表이다. 이 사실은 점찰법회가 '戒律'을 강조하며, 또한 왕의 請을 받을 정도로 신라 사회에 널리 알려져 있었음을 보여주는 것이다. 그러므로 국가·왕실을 위한 오대산신앙 속에 점찰예참이 수행법으로 포함되기도 하였다. 이렇게 점찰법회가 '懺悔'와 '戒律'을 강조하기 때문에, 이 법회는 사람들에게 자연스럽게 倫理의식을 심어주고, 불교교

---

28) 『宋高僧傳』 卷4 義湘傳, "我法平等 高下共均 貴賤同撥 … 何莊田之有 何奴僕之爲".

29) 金相鉉, 1991, 『新羅華嚴思想史研究』, 民族社, 266쪽.

리나 사상을 생활화하도록 했으리라 짐작된다.

점찰법회가 신라사회에서 대중교화나 윤리의식을 심어주는 역할을 할 수 있었던 바탕에는 여래장사상이 깔려 있었다. 앞서 언급한 바와 같이 『占察經』은 당시 중국에 널리 유포된 여래장사상을 중심 사상으로 삼아 만들어진 경전으로, 점찰법회는 궁극적으로는 여래장사상의 유포·실천을 위한 방편이었다고 할 수 있다. 그러므로 신라에서 시행된 점찰법회도 여래장사상과 결코 무관하지는 않았을 것으로 짐작된다.

점찰법회를 신라에 전한 圓光 또한 여래장사상에 많은 관심을 가지고 있었다. 원광은 陳에서 『成實論』과 더불어 『涅槃經』을 익혔으며, 그가 隋 長安에 머무는 동안에는 普佛·普敬, 즉 여래장사상을 기반으로 한 신흥종교인 三階敎의 활동이 두드러져 그 영향을 받았을 것으로 생각된다. 무엇보다 현존하지 않지만 그가 『如來藏經私記』 3권과 『大方等如來藏經疏』 1권을 저술한 사실에서 그의 관심이 여래장사상에 있었음을 알 수 있다. 이처럼 여래장사상에 주목했던 원광이 귀국 후 점찰법회를 시행했다는 것은, 그가 점찰법회를 여래장사상과 관련된 것으로 이해하고 있었음을 보여주는 것이라 하겠다. 즉 여래장사상의 수용과 점찰법회의 시행이 圓光이라는 한 인물에 의해 이루어지고 있다는 점은 점찰법회가 여래장사상과 결코 무관하지 않음을 짐작케 한다.

한편 『占察經』은 說主로 지장보살이 등장하며, 예배·참회함에 지장보살 명호의 誦念이 강조되고 있어 지장신앙의 대표적인 경전으로 꼽힌다. 신라 中代에 형성된 五臺山信仰에서 南臺에 地藏

194

房을 두고『地藏經』과 占察禮懺을 행한 것에서 보듯이, 점찰법회의
시행은 지장신앙의 유행을 가져왔다. 그러므로 7세기 점찰법회의
시행 이후 신라에는 지장보살에 대한 인식과 신앙이 생겨났다고
하겠다. 지장보살에 대한 이해는 元曉의『金剛三昧經論』을 통해
살펴볼 수 있다.

> 2. 이 사람(지장보살)은 이미 同體大悲를 얻어 一切衆生의 善根을
> 生長시키는데 마치 大地가 草木을 생장시키는 것과 같다. 陀羅尼
> 로 모든 功德을 지니고서 一切衆生에게 베풀되 다함이 없으니,
> 大寶藏에 진귀한 보배가 다함이 없는 것과 같다. 이 두 가지
> 뜻으로 인해 이름을 地藏이라 하였다.[30]

원효는 '大悲'와 '惠施'를 地藏의 두 가지 뜻으로 거론하면서,
地藏을 '大地'와 '大寶藏'에 비유했다.『如來藏經』에서는 如來藏을
9가지 비유를 들어 설명하고 있는데, 그 중 다섯 번째 비유가
'가난한 집 땅속에 묻혀 있는 珍寶藏'이다. 또 여래장사상을 체계
화할 목적으로 찬술된『究竟一乘寶性論』에서는 '佛性에는 두 가지
종류가 있는데, 하나는 地藏과 같고 둘은 樹果와 같다'라고 하여
여래의 종성을 地藏에 비유하고 있다.[31] 이렇게 보면 '地藏'이라는
용어 자체가 如來藏(＝佛性)을 함축하고 있으며, 元曉가 이해한

---

30) 元曉,『金剛三昧經論』下 ;『韓國佛敎全書』제1책, "是人已得同體大悲 生長
　　一切衆生善根 猶如大地生諸草木 以陀羅尼 持諸功德 惠施一切 以無窮盡
　　如大寶藏 珍寶無盡 由是二義 名爲地藏".

31) 洪法空, 2002,「三階敎와 地藏信仰」『정토학연구』5, 176쪽 재인용.

地藏보살의 의미에도 여래장사상이 내포되어 있음을 짐작할 수 있다. 지장신앙의 유행은 점찰법회에 기인하므로, 이 또한 점찰법회가 여래장사상과 무관하지 않음을 보여주는 근거라 생각된다.

여래장사상에 대한 인식은 통일 이후 '佛性論'으로 이어졌다. 佛性論은 인간의 성품을 菩薩, 獨覺, 聲聞, 不定, 無性의 5가지로 나누어 이들이 佛性을 갖추고 있으며 成佛할 수 있는가를 논의한 것이다. 불성론은 玄奘이 인도에서 돌아와 『成唯識論』 등의 번역을 계기로, 五性各別說을 주장하면서 첨예하게 전개되었다. 즉 玄奘과 그 제자 窺基에 의해 성립된 法相宗에서는 無性인 一闡提는 성불할 수 없다고 주장하였다.

玄奘의 新譯佛敎는 중국과의 활발한 교류 속에 거의 동시에 신라에 전해졌으며, 中代 불교계에서는 유식학이 크게 성행하였다. 勝莊은 『涅槃經』의 '一切衆生 悉有佛性'에서 '一切'란 少分一切로, 成佛할 수 없는 존재를 제외한 중생일체로 보았다.[32] 憬興은 중생을 聲聞·緣覺·菩薩과 無性有情으로 나누고 無性有情은 부처가 될 수 없다고 하며, 나아가 중생은 오직 有種姓과 無種姓의 두 종류뿐이라고 하였다.[33] 이처럼 勝莊과 憬興은 玄奘의 五性各別說

---

32) 勝莊, 『梵網經述記』 卷上本 ; 『韓國佛敎全書』 2, p.125b, "經曰 一切衆生皆有佛性等者 此卽顯示不離戒體眞如佛性 釋此文自有兩釋 一依涅槃經 諸師說言 一切衆生悉有佛性 必定性佛義如常說 二護法菩薩等云 一切有二 一一切一切 二少分一切 經說一切衆生皆有佛性者 此就少分一切".

33) 憬興, 「無量壽經連義述文贊」 卷中 ; 『韓國佛敎全書』 제2책, p.39c, "下群生者卽勝鬘其四種衆生 所謂無聞非法及求三乘者 有說於四群中初非法人無感聖善故 云不請非也 後三乘種未必皆有感佛善故 初無聞人亦應有感聖世善故 華嚴瑜伽皆有此四 以後三種通定不定 初之一種無性有情".

에 따라 일천제의 성불 가능성을 부정하였다.

한편 원효는 如來藏의 所有라는 점에서 佛=人間=畜生으로 볼 수 있으며, 일천제는 성불할 성품을 소유하지 않은 존재가 아니라 大乘法을 비방한 자로 보았다.[34] 義寂은 중생의 성불에 대해 논의할 필요가 없으며 논의 자체가 三寶를 비방하는 것이라 하였다.[35] 그리고 太賢도 一闡提도 佛性이 있기 때문에 성불할 수 있다고 하여 모든 중생의 성불 가능성을 인정했다.[36]

이렇게 보면 신라에서도 佛性論에 대한 논의가 있었음을 확인할 수 있다. 그러나 그 논의가 중국과 같이 첨예하지는 않았으며, 모든 사람에게 성불 가능성을 개방한 사상적 흐름이 주류를 이루고 있었다고 하겠다.[37]

眞表의 경우 금산사에서 속리산으로 가던 중 수레를 끌던 소와 그 수레에 탔던 사람의 귀의를 받고 戒를 주었으며, 속리산에서 溟州 해변에 이르렀을 때 바다로부터 몰려나온 고기떼를 위해

---

34) 元曉, 『涅槃宗要』 ; 『韓國佛敎全書』 제1책, p.540, "下如實修行者 謂見衆生 自性淸淨佛性境界故 偈言 無障淨智者 如實見衆生自性淸淨佛法身境界故 遍 修行者 謂遍十地一切境界故 見一切衆生有一切智故 又遍一切境界者 以遍一 切境界依出世惠眼 見一切衆生乃至畜生有如來藏".

35) 義寂, 『菩薩戒本疏』 ; 『韓國佛敎全書』 제2책, p.281a, "若說衆生定有佛性定 無佛性 皆謗佛法僧也".

36) 壽靈, 『大般涅槃經』 ; 『大日本佛敎全書』 卷10, pp.350c~351a/ 李萬, 『新羅 太賢의 唯識思想硏究』, 민족사, 1989, 150~151쪽에서 재인용, "太賢師云 … 謂一闡提 捨闡提心 方得成佛 不捨不得 … 是之人 當得阿耨多羅三藐三菩 提故 一闡提輩以佛性故 若聞不聞 悉亦當得阿耨多羅三藐三菩提故".

37) 金英美, 1994, 앞의 책, 319~323쪽 ; 정미숙, 2002, 「新羅 中代初 唯識學 승려의 佛性論」 『역사와 경계』 42.

戒法을 설해 주기도 하였다. 진표의 受戒를 통한 교화가 사람은 물론 소와 고기떼에까지 미쳤다는 것은, 그도 또한 '一切衆生悉有佛性'을 인정하고 있었음을 보여주는 것이라고 생각한다.

여래장사상은 모든 중생에게 부처가 될 수 있는 가능성이 있다는 것으로, 본질적으로 평등사상에 입각하고 있다. 신라에 점찰법회가 수용된 7세기에 복속민을 公民化하였고, 통일 후에는 백제와 고구려 遺民을 포용하는 제도를 마련하는 상황에서 여래장사상은 신라인으로서의 일체감이나 동질의식의 형성에 기여하였을 것이다. 나아가 아미타신앙을 비롯한 民을 대상으로 하는 교화활동도 이들의 성불 가능성에 대한 믿음을 바탕으로 이루어지는 것이다. 점찰법회가 일반민, 특히 지방민을 대상으로 베풀어지는 경우가 많았으며, 아미타신앙·지장신앙·미륵신앙 등과 결합되는 모습에서 이 법회의 사상적 기반을 여래장사상으로 볼 수 있겠다.

무엇보다 점찰법회는 신라사람들에게 占이라는 전통적 방식을 통해 業報輪廻사상이라는 불교의 교리를 쉽게 이해시켜 주었다. 자신의 前世 업의 善惡을 확인함으로써, 각자가 악업을 소멸시키고 선업을 닦기 위한 보시, 참회, 수계 등의 노력을 행하게 되었다. 위로 왕에서부터 아래로 土女, 품팔이 생계를 유지하던 사람들조차 보시에 적극 참여하였다. 자신의 업이 자신뿐 아니라 자식이나 부모 등 가족의 과보에도 영향을 끼칠 수 있다고 인식함으로써 선업과 공덕에 노력을 더 기울이게 되었고, 자연히 업·윤회사상을 바탕으로 한 점찰법회는 신라사람들을 종교적·윤리적인 생활로 이끄는 사회적 역할을 담당하였다.

업·윤회사상을 체득한 사람들은 보다 나은 내세를 지향하였고, 이에 점찰법회 또한 전세의 업을 관찰하던 방식에서 과보차별상을 살펴보는 방식으로 변화하였다. 이미 사후세계로, 윤회하지 않는 세계로 '극락'의 존재를 알고 있었지만, 신라사람들은 삼악도가 아닌 人道·天道에서의 나은 내세를 바랐고, 189가지의 과보차별상을 알려주는 점찰법회는 이들의 현세적인 바람에 가장 부합하는 것으로 받아들여졌을 것이다. 그러므로 점찰법회는 신라 여러 지역에서 다양한 계층의 사람들을 대상으로 지속적으로 시행될 수 있었다.

비록 '占'이라는 형식을 취하지만, 점찰법회는 불교사상적으로 여래장사상을 기반으로, 업보윤회사상을 인식시켜 줌으로써 諸信仰과 더불어 大衆敎化에 기여하였다. 결국 점찰법회는 신라불교가 수용 초기 지녔던 정치사상적 의미에서 '上求菩提 下化衆生'이라는 대승불교 본연의 종교적·사회적 의미로 변화하는 모습을 잘 보여준다.

제6장 맺음말

　占察法會는 木輪, 즉 새끼손가락 크기의 나무막대를 던져 宿世善惡의 業과 그 業의 强弱·大小를 살펴보고 惡業을 懺悔하고 受戒한 후 三世 果報의 차별상을 알아보는 의식이다. 이 법회의 소의경전인 『占察經』은 陳末隋初 중국에서 만들어진 僞經으로, 上卷에는 이러한 점찰 방법과 순서에 대해 서술하고 있고, 下卷에는 大乘에 대한 信解와 그 信解 수행에 대해 서술하고 있다. 信解 수행의 바탕은 自性淸淨心, 즉 如來藏이라 하는데, 참회를 통해 이 자성청정심을 회복하기 위한 방편으로 점찰법을 제시하였다. 즉 점찰을 통해 業을 살피고, 그 罪業을 懺悔를 통해 소멸시켜 자성청정심을 회복하면 大乘에 대한 信解가 일어난다는 것이다.

　신라에 점찰법회를 처음으로 실시한 이는 圓光이었다. 원광은 陳과 隋에 걸쳐 유학하면서 중국 남북조의 불교사상을 두루 섭렵하였다. 隋에 의해 陳이 멸망하자 圓光은 589년 長安으로 옮겨갔다. 그때 마침 廣州와 靑州 등지에서 행한 塔懺法이 문제가 되었고, 이 탑참법이 근거로 삼고 있는 『점찰경』이 僞經이라는 이유로

593년 금지되었다.

600년(眞平王 22)에 신라로 귀국한 원광은 嘉栖岬에 머무르면서 그곳에 檀越尼의 보시를 받아 '占察寶'를 두었다. 이미 중국에서 『점찰경』의 유포가 금지되었기 때문에 원광이 귀국 시 이 경전을 가져오지는 못했을 것이다. 다만 그는 長安에서 탑참법과 『占察經』의 진위 논의를 지켜봤을 것이고, 당시 탑참법이 실시된 지역이 廣州 일대로 원광은 陳에서 隋 長安으로 오는 과정에서 탑참법의 행위를 직접 봤을 가능성도 있다. 따라서 원광의 점찰법회는 『점찰경』에 의거하기보다 그가 중국에서 견문한 바에 바탕을 두고 시행했을 것이다. 당시 廣州에서는 가죽으로 된 두 帖子에 善과 惡을 써서 던져 선악을 점쳐보는 것으로, 『점찰경』의 3가지 木輪法 중 10선과 10악을 쓴 10개의 輪을 던져 宿世 善惡의 業을 살펴보는 첫 번째 목륜법에 비견될 수 있다. 원광이 10륜을 사용했는지 2개의 帖子를 사용했는지 확실히 알 수는 없지만, 점찰법을 실시한 목적은 과거의 善·惡 業을 살펴보는 데 있었음을 짐작할 수 있다.

圓光이 활동한 진평왕대는 불교가 왕실의 이념과 정치적 활동에 적극 부응하면서 또 한편으로는 교화승의 활동에서 보듯이 지방으로, 일반민으로 불교의 대상이 확대되면서 교화활동의 필요성이 커졌다. 특히 원광은 귀국 후 王京이 아닌 가서갑에 머물면서 지방민에게 쉽게 불교를 알릴 방법으로 점찰법회를 실시했던 것이다. 진평왕대 安興寺 智惠가 점찰법회를 실시한 점에서 당시 신라사회에서 상당히 호응을 얻었음을 짐작할 수 있다.

점찰법회는 '占'이라는 행위를 통해 숙세 선악업의 내용을 직접 보여줌으로써 과거와 현재의 관계를 통해 불교의 業報 輪廻思想을 일깨워주는 역할을 했고, 이로 인해 자신의 현실에 대해 보다 자각하게 되었을 것이다. 그러나 그 결과를 관찰하는 데에 머무는 것이 아니라 그 罪業을 懺悔하고 좋은 果報를 얻기 위한 행위 등을 강조함으로써 신라사회에 윤리의식, 사회의식을 높이는 역할도 했을 것이다. 이러한 윤리의식의 고취에는 업보윤회설이 자리 잡고 있었다. 그리고 참회를 통해 惡業을 제거하고 善果를 얻는 구체적인 방법으로 '布施'가 제시되었다. 이는 圓光이 가서갑에 占察寶를 둔 것이나 智惠의 점찰법회가 神母의 시주에 기인하는 점에서 분명하다. 당시 농업생산력의 발전과 정복에 따른 영토 확장에 의한 民 수의 증가 등에 의해 다양한 계층에서 보시가 가능해졌다. 이러한 보시는 신라인들에게 불교의 業說을 더 믿고 의지하게 했으며, 그 중심에 점찰법회가 있었다.

이러한 점찰법회는 통일기에도 계속 이어졌다. 통일 후 신라불교계는 불교의 대중화와 독자적 사상체계의 성립이라는 과제를 안고 있었는데, 이러한 불교계의 요구에 따라 점찰법회에도 변화가 일어났다.

점찰법에서 언급한 악업을 제거하기 위한 '참회'가 禮懺으로 오대산신앙에 등장한 것이다. 오대산사적에 의하면 寶川과 孝明 두 태자가 오대산에 入山하여 수도하다가 孝明은 國人에 의해 추대되어 聖德王으로 즉위하고, 남은 寶川이 수행하다가 죽기

전에 국가를 위해 오대산에서 행하면 좋을 일을 기록으로 남겼다고 하는데, 그것이 바로 오대산신앙이었다. 오대산 각 臺에 각종 불·보살상을 안치하고 더불어 낮에는 讀經하고 밤에는 禮懺을 실천하는 社를 구성하였다. 이 오대산신앙 속 南臺 地藏房에 지장보살상을 안치하고 낮에는 『地藏經』 등의 경전을 독경하고 밤에는 占察禮懺을 행하도록 하였다. 이를 통해 8세기 초·중엽에도 점찰법회가 신라사회에 널리 실시되고 있었음을 확인할 수 있으며, 나아가 남대를 지장방이라 한 점에서 점찰법회와 『占察經』에 의거한 지장신앙의 유포도 읽을 수 있다. 다만 오대산신앙 속에서 점찰법회가 아닌 占察禮懺이 실시된 것은 '懺悔'를 강조한 바, 그 점찰법회에서 참회가 독립되어 하나의 수행으로 자리 잡은 모습을 보여주는 것이다.

오대산신앙은 국가에 도움이 되고자 하는 목적에서 당시 신라의 대표적인 불교사상과 신앙을 한 곳에 구현한 것으로, 승려들로 '社'를 만들어 독경과 예참을 실시한 것은 국가적 의식·의례의 모습을 보이는 것이기도 하다. 中代에는 국가에 의한 불교의 통제가 이루어지고 있었고, 聖德王~景德王대에는 佛國土思想을 구현하려는 움직임이 활발했다. 오대산신앙은 바로 諸佛菩薩이 현재 신라에 상주한다는 불국토사상을 나타낸 것이다. 여기에 미륵신앙 대신 지장신앙이 포함된 것 또한 오대산신앙이 국가·왕실에 의해 형성된 것이라 메시아적 성격의 미륵신앙이 아닌 현세이익적 성격의 지장신앙을 담았던 것이다.

무엇보다 오대산신앙의 구조도 어느 경전에서도 찾아볼 수 없는 것으로, 신라만의 것이었다. 여기에 점찰예참이 포함된 것은 점찰법회가 점차 신라만의 의식으로 자리 잡아가고 있었음을 시사한다. 점찰법회의 예참적 성격은 진표의 점찰법회에도 영향을 끼쳤으며, 그와 그의 제자에 의해 점찰법회의 신라화가 완성되었다.

眞表는 景德王 末에 활동한 인물로, 그의 제자인 永深과 손제자인 心地가 교법을 이어받아 활동했으므로, 점찰법회가 신라 말까지 이어졌다고 볼 수 있다. 진표는 親見受戒를 목표로 자신의 몸을 던지는 亡身懺悔로 수행했고, 그 결과 地藏菩薩로부터 戒를 받고 彌勒菩薩로부터 189개의 簡子를 받았다. 그 뒤 그는 금산사로 내려와 戒壇을 설치하였고 매년 法施를 베풀었으며, 다시 속리산을 거쳐 溟州 高城郡에 이르러 鉢淵藪를 창건하고 점찰법회를 열었다.

진표의 점찰법회는 미륵보살로부터 받은 189개의 간자로 이루어졌는데, 이는 『점찰경』에서 말하는 六輪法의 변형이었다. 즉, 果報差別의 相을 살펴보고자 할 때 6개의 輪을 3번 던져 나온 수의 合으로 과보상을 알아보는 것인데, 그 경우의 수가 189가지이므로 진표의 189개 간자는 과보차별상을 의미하는 것이다. 이보다 앞서 神文王代 興輪寺에서 六輪會가 열렸다는 기록이 전하므로 통일 이후 점찰법회의 방법이 변했음을 알 수 있다. 이러한 변화는 아마 『占察經』의 유입과 관련이 있을 것이다. 元曉나 義寂의 저술에 『占察經』을 인용하고 있는 것으로 보아 7세기 중엽에는 이 경전이 신라에 전해졌을 것으로 생각된다.

점찰법회는 통일 前 宿世 善惡業을 점쳐 살피던 방법에서 이제 과보차별상을 알아보는 것으로 그 목적이 변하였다. 이는 中代 아미타신앙이 유행하면서 사후세계로서 극락이 인식되기 시작한 것과 관련이 있다. 사후세계에 대한 관심은 결국 점찰법회에서도 과거의 선악을 관찰하는 것보다 내세의 과보에 대한 관심으로 옮겨졌던 것이다. 그러나 아미타신앙에서 모든 중생에게 極樂의 문을 개방하고 現身成佛의 설화가 유포되긴 했지만, 下代에는 점차 사후세계로서 극락이 강조되었다. 그러므로 진표가 활동한 경덕왕 말에는 극락왕생보다는 윤회 속에서 보다 나은 과보를 바랬던 것이 아닌가 한다. 진표가 189가지의 과보차별상을 중시한 것은 현재의 業과 미래의 果報를 연계시켜 현세에서의 善業의 중요성을 강조한 것이라 생각된다.

경덕왕대 말부터 彌勒信仰이 부각되는데, 진표의 점찰법회를 보면 189개 간자를 준 이가 미륵보살로 미륵신앙의 모습을 찾아볼 수 있다. 미륵신앙의 경우 인간세계에 내려온 미륵불의 설법을 듣고 成佛하기 위해서는 人果를 받은 후 미륵이 인간세계에 내려올 때를 기다려야 한다. 미륵보살이 머물고 있는 兜率天에 往生하고자 해도 도솔천은 欲界 제4天으로 이 또한 윤회하는 '天'이다. 뿐만 아니라 경덕왕의 치세 후반에 접어들면 사회 혼란상이 드러나는데, 혼란한 현실사회에 대한 변화를 추구하고자 하는 바람에서 진표가 미륵신앙을 강조한 것이 아닌가 한다. 그 변화라는 것이 현재의 善業에 의한 미래의 善報로 여겼다고 생각된다.

善報를 위해서는 惡業이 없어야 하므로, 진표는 懺悔와 戒를 중시했다. 그는 여러 지역에서 점찰법회를 실시하면서 지방민뿐만 아니라 어류, 소에 이르기까지 戒를 주어, 戒를 통해 교화활동을 폈다. 특히 溟州 지역에서 가뭄으로 인해 굶주린 사람들을 구제해 주었는데, 이는 법회 등을 통한 것이 아닌가 한다. 진표의 점찰법회는 '점찰' '법회' 등의 儀式을 통해 여러 지역에서 교화활동을 펴, 이에 참가하는 지방민들의 결속을 강화하는데 기여하였다.

신라의 점찰법회는 신라사회의 변화에 따라 점찰법과 그 목적도 달리 하였지만, 業·輪廻思想에 기반하고 있었다. '후생의 과보'를 위해 자신들의 전 재산인 솥과 텃밭 등을 기꺼이 내어 놓는 모습에서, 업·윤회사상이 신라인들의 생활 속에 뿌리 내렸음을 짐작할 수 있다. 이는 업·윤회사상에 기초한 점찰법회의 실시와 유포에 기인한 바가 클 것이다. 과보를 위해 악업을 제거하고 선업을 위해 참회와 보시를 강조한 점찰법회는 신라 사람들의 윤리의식을 고취시키는 데 크게 기여하고 있었다. 이는 점찰법회가 불교사상적으로 如來藏思想을 기반으로 삼고 있었기 때문이기도 하다. 『占察經』이 여래장사상을 담고 있으며, 점찰법회가 신라에 들어오던 시기가 여래장사상의 수용시기와 맞물리며, 특히 통일 이후 신라승려들은 대부분 一切衆生의 成佛 가능성을 믿고 있었기 때문에 지방에서 활발하게 대중교화를 행한 점찰법회도 여래장사상에 기초하고 있었다고 생각된다.

이처럼 占察法會는 業說, 懺悔, 受戒 등을 통해 윤리의식을 심어 줌으로써 불교가 신라 사람들의 생활 속에서 종교로 자리 잡는 모습을 보여준다는 점에서 그 의의가 있다고 하겠다. 오늘날

점찰법회가 시행되지는 않지만, 점찰법회의 사회·사상적 기반이
었던 업·윤회사상은 여전히 그 의미를 이어가고 있다.

참고문헌

1. 자료

『三國史記』　　　　　　　　　『三國遺事』
『東文選』　　　　　　　　　　『海東高僧傳』
『東國李相國集』　　　　　　　『朝鮮寺利史料』
『入唐求法巡禮行記』
『占察善惡業報經』(『大正新修大藏經』 卷17).
『大方廣十輪經』(『大正新修大藏經』 卷13).
『大乘大集地藏十輪經』(『大正新修大藏經』 卷13).
『釋淨土群疑論』(『大正新修大藏經』 卷47).
『續高僧傳』(『大正新修大藏經』 卷50).
『宋高僧傳』(『大正新修大藏經』 卷50).
『歷代三寶記』(『大正新修大藏經』 卷55).
『開元釋敎錄』(『大正新修大藏經』 卷55).
智顗, 『法華三昧懺儀』(『大正新修大藏經』 卷46).
智旭, 『占察善惡業報經行法』(『續藏經』 卷120).
元曉, 『大乘起信論疏記會本』(『韓國佛敎全書』 제1책).
元曉, 『金剛三昧經論』(『韓國佛敎全書』 제1책).
元曉, 『涅槃宗要』(『韓國佛敎全書』 제1책).
不可思議, 『大毘盧遮那供養次第法疏』(『韓國佛敎全書』 제3책).
『乾鳳寺本末事蹟 楡岾寺本末寺誌』(1977, 아세아문화사 영인본).

대동문화연구원 편, 1972, 『崔文昌侯全集』, 성균관대학교.
東國大學校 佛敎文化硏究所 編, 1976, 『韓國佛敎撰述文獻總錄』, 東國大 出版部.

李能和, 1918, 『朝鮮佛敎通史』.
李佑成 校譯, 1995, 『新羅四山碑銘』, 아세아문화사.
李智冠 편, 1993, 『校勘譯註 歷代高僧碑文(新羅編)』, 가산문고.
李智冠 편, 1994, 『校勘譯註 歷代高僧碑文(高麗編1)』, 가산문고.
李智冠 편, 1995, 『校勘譯註 歷代高僧碑文(高麗編2)』, 가산문고.
朝鮮總督府 編, 1919, 『朝鮮金石總覽』(1976, 아세아문화사 영인본).
韓國古代社會硏究所 編, 1992, 『譯註 韓國古代金石文』 Ⅱ·Ⅲ, 가락국사적개발연
　　　구소.
한국역사연구회, 1996, 『譯註 羅末麗初金石文』(上·下), 혜안.

2. 단행본

1) 국내

高翊晋, 1989, 『韓國古代佛敎思想史』, 동국대학교 출판부.
空海 唯眞 엮음, 2000, 『윤회의 주체와 실상』, 경서원.
곽승훈, 2002, 『통일신라시대의 정치변동과 불교』, 국학자료원.
권덕영, 2005, 『재당 신라인사회 연구』, 일조각.
金南允, 1995, 『新羅 法相宗 硏究』, 서울대 박사학위논문.
金杜珍, 2002, 『新羅 華嚴思想史 硏究』, 서울대 출판부.
김문경, 1999, 『엔닌의 입당구법순례행기』, 중심.
金福順, 2002, 『韓國古代佛敎史 硏究』, 민족사.
김복순, 2008, 『신사조로서의 신라불교와 왕권』, 경인문화사.
김삼용, 1983, 『한국 미륵신앙의 연구』, 동화출판공사.
金相鉉, 1991, 『新羅華嚴思想史硏究』, 民族社.
金相鉉, 1999, 『신라의 사상과 문화』, 一志社.
金壽泰, 1996, 『新羅中代政治史硏究』, 一潮閣.
金英美, 1994, 『新羅佛敎思想史硏究』, 民族社.
金煐泰, 1990, 『三國時代 佛敎信仰 硏究』, 불광출판사.
김종명, 2001, 『한국 중세의 불교의례 : 사상적 배경과 역사적 의미』, 문학과
　　　지성사.
金哲埈, 1990, 『韓國古代社會硏究』, 서울대 출판부.

나희라, 2008, 『고대 한국인의 생사관』, 지식산업사.

南東信, 1999, 『원효』, 새물결.

南武熙, 2006, 『圓測의 生涯와 唯識思想 研究』, 국민대 박사학위논문.

盧鏞弼, 1996, 『新羅眞興王巡狩碑研究』, 一潮閣.

서영일, 1999, 『신라 육상 교통로 연구』, 학연문화사.

徐閏吉, 1994, 『韓國密敎思想史研究』, 불광출판부.

辛鍾遠, 1992, 『新羅初期佛敎史研究』, 民族社.

申瀅植, 1990, 『統一新羅史研究』, 三知院.

安啓賢, 1976, 『新羅淨土思想史研究』, 亞細亞文化社/ 1987, 玄音社.

안지원, 2005, 『고려의 국가 불교의례와 문화－연등·팔관회와 제석도량을 중심
        으로』, 서울대 출판부.

윤여성, 1998, 『신라 진표와 진표계 불교 연구』, 원광대 박사학위논문.

尹浩眞, 1992, 『무아·윤회문제의 연구』, 민족사.

은정희 역주, 1991, 『원효의 대승기신론소·별기』, 一志社.

은정희·송진현 역주, 2000, 『원효의 금강삼매경론』, 一志社.

李景植, 2005, 『韓國 古代·中世初期 土地制度史』, 서울대학교출판부.

李基白, 1974, 『新羅政治社會史研究』, 一潮閣.

李基白, 1986, 『新羅思想史研究』, 一潮閣.

李基東, 1984, 『新羅骨品制社會와 花郎徒』, 一潮閣.

李基東, 1997, 『新羅社會史研究』, 一潮閣.

李仁哲, 1993, 『新羅政治制度史研究』, 一志社.

李仁哲, 2003, 『신라 정치경제사 연구』, 일지사.

李鍾旭, 1999, 『新羅骨品制研究』, 一潮閣.

李太元, 1998, 『念佛의 源流와 展開史』, 운주사.

李平來, 1996, 『新羅佛敎 如來藏思想 研究』, 民族社.

조수동, 1997, 『여래장』, 이문출판사.

장지훈, 1997, 『한국고대미륵신앙연구』, 집문당.

全基雄, 1996, 『羅末麗初의 政治社會와 文人知識人』, 혜안.

鄭璟喜, 1990, 『韓國古代社會文化研究』, 一志社.

정병삼, 1998, 『의상 화엄사상 연구』, 서울대 출판부.

趙明基, 1962, 『新羅佛敎의 理念과 歷史』, 經書院.

曹凡煥, 2001,『新羅禪宗研究』, 일조각.

조범환 외, 2001,『성주사와 낭혜』, 서경문화사..

朱甫暾, 1998,『新羅 地方統治體制의 整備過程과 村落』, 신서원.

蔡雄錫, 2000,『高麗時代의 國家와 地方社會』, 서울대학교 출판부.

崔源植, 1999,『新羅菩薩戒思想史研究』, 民族社.

河日植, 2006,『신라 집권 관료제 연구』, 혜안.

한국고대사연구회, 1994,『신라말 고려초의 정치·사회변동』, 신서원.

한국역사연구회, 1994,『한국역사입문②』, 풀빛.

한국역사연구회, 1995,『한국역사입문①』, 풀빛.

黃浿江, 1975,『新羅佛敎說話研究』, 一志社.

2) 국외

K.S.케네쓰 첸·박해당 옮김, 1991,『중국불교』上, 民族社.

江田俊雄, 1975,『朝鮮佛敎史の研究』, 東京 : 國書刊行會.

鎌田茂雄 著·鄭舜日 譯, 1985,『中國佛敎史』, 경서원.

鎌田茂雄, 1988,『新羅佛敎史序說』, 東京大 東洋文化研究所.

高崎直道 지음·전치수 옮김, 1998,『불성이란 무엇인가』, 여시아문.

구보타료온 지음·최준식 옮김, 1990,『中國儒佛道三敎의 만남』, 민족사.

今西龍, 1970,『新羅史研究』, 東京 : 國書刊行會.

道端良秀 지음·목정배 옮김, 1994,『불교의 효 유교의 효』, 불교시대사.

賴永海, 1998,『中國佛性論』, 中國靑年出版社.

望月信亨 著·李太元 譯, 1997,『中國淨土敎理史』, 운주사.

望月信亨 著·金鎭烈 譯, 1995,『佛敎經典 成立의 研究』, 불교시대사.

牧田諦亮, 1976,『疑經研究』, 京都大學人文科學研究所.

西本照眞, 1998,『三階敎の研究』, 春秋社.

矢野慶輝, 1925,『三階敎之研究』, 岩波書店.

神塚淑子, 1999,『六朝佛敎思想の研究』, 創文社.

日比野丈夫, 1995,『五臺山』, 平凡社.

佐藤繁樹, 1996,『元曉의 和諍論理－無二不守一思想』, 民族社.

中村元 지음·차차석 옮김, 1993,『불교정치사회학』, 불교시대사.

眞鍋廣濟, 1960, 『地藏菩薩の研究』, 京都 : 三密堂書店.

平川彰 編, 1990, 『如來藏と大乘起信論』, 春秋社.

平川彰 편·李萬 역, 1993, 『강좌 대승불교-유식사상』, 경서원.

平川彰·梶山雄一·高岐直道 편·宗浩 역, 1996, 『강좌 대승불교6-여래장사상』, 경서원.

Carl B. Becker, 1993, *BREAKING THE CIRCLE -DEATH AND THE AFTERLIFE IN BUDDHISM*, SOUTHERN ILLINOIS UNIVERSITY PRESS.

3. 연구논문

1) 국내

강봉룡, 1992, 「6~7세기 신라 정치체제의 재편과정과 그 한계」 『신라문화』 9.

高翊晋, 1984, 「韓國古代의 佛敎思想」 『哲學思想의 諸問題(Ⅱ)』.

高翊晋, 1997, 「新羅密敎의 思想內容과 展開樣相」 『韓國密敎思想』, 동국대 불교문화연구원.

권기종, 2005, 「6·7세기 중국불교의 흐름」 『불교연구』 23.

金基興, 1999, 「新羅의 聖骨」 『역사학보』 164..

金基興, 2000, 「骨品制 研究의 現況과 展望」 『韓國古代史論叢』 9, 韓國古代社會研究所.

金南允, 1984, 「新羅中代 法相宗의 成立과 信仰」 『韓國史論』 11, 서울대 국사학과.

金南允, 1993, 「新羅 彌勒信仰의 전개와 성격」 『역사연구』 2, 역사학연구소.

金南允, 1997, 「眞表의 傳記 資料 檢討」 『國史館論叢』 78.

金德原, 1999, 「新羅 中古期 舍輪系의 政治活動」 『白山學報』 52.

金德原, 2000, 「新羅 眞智王代의 王權强化와 彌勒信仰」 『史學研究』 76.

金杜珍, 1987, 「新羅 中古時代의 彌勒信仰」 『韓國學論叢』 9, 국민대.

金杜珍, 1987, 「新羅 眞平王代의 釋迦佛信仰」 『韓國學論叢』 10, 국민대.

金杜珍, 1989, 「慈藏의 文殊信仰과 戒律」 『韓國學論叢』 12, 국민대.

金杜珍, 1992, 「新羅 下代의 五臺山信仰과 華嚴結社」 『가산이지관스님화갑기념논총 한국불교문화사상사』 上.

金杜珍, 2002, 「一然의 生涯와 저술」 『全南史學』 19.

金杜珍, 2004, 「圓光의 戒懺悔信仰과 그 意味」 『新羅史學報』 2.

212

金理那, 1979,「皇龍寺의 丈六尊像과 新羅의 阿育王像系佛像」『震檀學報』46·47.

金文經, 1967,「赤山 法花院의 佛敎儀式」『史學志』1.

金文經, 1970,「儀式을 통한 佛敎의 大衆化運動－唐·新羅 關係를 중심으로－」『史學志』4.

金文經, 1976,「三國·新羅時代의 佛敎 信仰結社」『史學志』10.

金文經, 1984,「山東佛敎의 성격」『숭실사학』2.

金福順, 1988,「新羅 下代 華嚴의 1例－五臺山事蹟을 中心으로－」『史叢』33.

金福順, 2005,「신라 중대의 불교」『新羅文化』25.

金福順, 2006,「신라 불교의 연구현황과 과제－중대와 하대를 중심으로－」『新羅文化』26.

金福順, 2006,「원광법사의 행적에 관한 종합적 고찰」『新羅文化』28.

金相鉉, 1982,「사복설화의 불교적 의미」『사학지』16.

金相鉉, 1984,「新羅 中代 專制王權과 華嚴宗」『東方學志』44, 연세대 국학연구원.

金相鉉, 1984,「新羅 華嚴學僧의 系譜와 그 活動」『新羅文化』1.

金相鉉, 1987,「三國遺事의 書誌學的 考察」『三國遺事의 綜合的 檢討』, 한국정신문화연구원.

金相鉉, 1988,「新羅 中代 華嚴宗과 王權」『韓國史硏究』63.

金相鉉, 1991,「新羅 中古期 業說의 受容과 意義」『韓國古代史硏究』4.

金相鉉, 1999,「新羅 中代의 佛敎思想 硏究」『國史館論叢』85.

金相鉉, 2001,「팔공산동화사의 가풍과 종지」『팔공산 동화사의 역사와 사상』.

金壽泰, 1983,「新羅 聖德王·孝昭王代 金順元의 政治的 活動」『東亞硏究』3.

金壽泰, 1991,「新羅 孝昭王代 眞骨貴族의 動向」『國史館論叢』24.

金壽泰, 1997,「신라말·고려전기 청주김씨와 법상종」『중원문화논총』1.

金壽泰, 2000,「견훤정권과 불교」『후백제와 견훤』, 서경문화사.

金英美, 1988,「聖德王代 專制王權에 대한 一考察－甘山寺 彌勒像·阿彌陀像銘文과 관련하여」『梨大史苑』22·23.

金英美, 1998,「高麗前期의 阿彌陀信仰과 天台宗 禮懺法」『史學研究』55·56.

金英美, 1998,「삼국 및 통일신라 불교사 연구의 현황과 과제」『韓國史論－韓國史研究의 回顧와 展望 Ⅵ』28, 國史編纂委員會.

金英美, 2000,「불교의 수용과 신라인의 죽음관의 변화」『韓國古代史研究』20.

金英美, 2004,「신라인의 이상적 인간상－聖人觀을 중심으로－」『한국사상사

學』23.

金煐泰, 1972,「新羅 占察法會와 眞表의 敎法研究」『佛敎學報』9 ; 1975,「占察法
　　　會와 眞表의 敎法思想」『韓國佛敎思想史』/ 1987,『新羅佛敎研究』, 民族
　　　文化社 재수록.

金煐泰, 1988,「新羅에서 이룩된 金剛三昧經 - 그 成立史的 검토」『佛敎學報』25.

金煐泰, 1991,「金剛三昧經에 있어서 地藏의 위치」『佛敎學報』 28.

金煐泰, 1991,「지장신앙의 전래와 수용」『현대사회에 있어서 지장신앙의 재조
　　　명』, 운주사.

金煐泰, 1997,「三國의 觀音信仰」『韓國 觀音信仰 研究』, 동국대 불교문화연구원.

김영하, 1988,「신라 중고기의 정치과정 시론」『태동고전연구』4.

김원영, 1991,「元曉의 懺悔사상 - 大乘六情懺悔文을 중심으로 - 」『韓國佛敎學』
　　　16.

金在庚, 1978,「新羅의 密敎 受容과 그 性格」『大丘史學』14.

金惠婉, 1988,「新羅 中代의 彌勒信仰」『溪村 閔丙河敎授停年紀念 史學論叢』.

金惠婉, 1992,「新羅 下代의 彌勒信仰」『成大史林』8.

金洪喆, 1973,「韓國 占卜信仰에 관한 연구」『한국종교사연구』3.

金興三, 2003,「羅末麗初 崛山門의 禪思想」『白山學報』66.

나희라, 2000,「고대 한국의 샤머니즘적 세계관과 불교적 이상세계」『韓國古代
　　　史研究』20.

나희라, 2003,「고대 한국의 생사관 - 영혼관을 중심으로 - 」『역사와현실』47.

南東信, 1998,「新羅 中代佛敎의 成立에 관한 研究 -『金剛三昧經』과『金剛三昧經
　　　論』의 분석을 중심으로 - 」『韓國文化』21.

南東信, 1992,「慈藏의 佛敎思想과 佛敎治國策」『韓國史研究』76.

南東信, 1996,「의상 화엄사상의 역사적 이해」『역사와 현실』20.

南東信, 1998,「元曉와 新羅中代王室의 관계」『元曉思想』.

南東信, 2002,「聖住寺 無染碑의 '得難'條에 대한 고찰」『한국고대사연구』28.

南東信, 2005,「나말려초 국왕과 불교의 관계」『역사와 현실』56.

南東信, 2006,「麗末鮮初의 僞經 研究」『韓國思想史學』24.

南東信, 2006,「『三國遺事』의 史書로서의 特性」『일연선사와 삼국유사』발표문.

盧鏞弼, 1994,「新羅時代『孝經』의 受容과 그 社會的 意義」『李基白先生古稀紀念
　　　韓國史學論叢(上)』, 一潮閣.

라정숙, 2005,「고려시대 지장신앙」『史學研究』80.

文明大, 1974,「新羅 法相宗(瑜伽宗)의 成立問題와 그 美術(上)－甘山寺 彌勒菩薩
　　　像 및 阿彌陀佛像과 그 銘文을 中心으로」『歷史學報』62.

文明大, 1974,「新羅 法相宗(瑜伽宗)의 成立問題와 그 美術(下)－甘山寺 彌勒菩薩
　　　像 및 阿彌陀佛像과 그 銘文을 中心으로」『歷史學報』63.

文明大, 1976,「新羅 神印宗의 研究－新羅密敎와 統一新羅社會」『震檀學報』
　　　41.

文明大, 1977,「新羅四方佛의 起源과 神印寺 (南山 塔谷 磨崖佛)의 四方佛」『韓國
　　　史研究』18.

閔泳珪, 1993,「新羅 佛教의 定立과 三階教」『東方學志』77·78·79.

박광연, 2002,「원광(圓光)의 점찰법회(占察法會) 시행과 그 의미」『역사와 현실』
　　　43.

박광연, 2006,「眞表의 占察法會와 密敎 수용」『韓國思想史學』26.

朴魯俊, 1986,「五臺山信仰의 起源研究」『嶺東文化』2.

朴魯俊, 1988,「唐代 五臺山信仰과 澄觀」『關東史學』3.

朴魯俊, 1995,「韓·中·日 五臺山信仰의 전개과정」『嶺東文化』6.

朴美先, 1998,「新羅 圓光法師의 如來藏思想과 敎化活動」『韓國思想史學』11.

朴美先, 2000,「新羅僧侶들의 衆生觀에 관한 一考察」『하현강교수정년기념논총
　　　韓國史의 構造와 展開』, 혜안.

朴美先, 2005,「圓光의 占察法會와 三階教」『韓國思想史學』24.

朴美先, 2009,「新羅 五臺山信仰에 나타난 占察禮懺의 내용과 성격」『한국사상사
　　　학』33.

朴美先, 2011,「신라 점찰법회와 밀교」『동방학지』155.

朴海鉉, 1996,「孝昭王代 貴族勢力과 王權」『歷史學研究』14.

배종도, 1995,「전제왕권과 진골귀족」『한국역사입문 ②』, 풀빛.

徐毅植, 1996,「統一新羅期의 開府와 眞骨의 受封」『歷史教育』59.

신동하, 1979,「新羅 骨品制의 成立過程」『韓國史論』5, 서울대 국사학과.

신동하, 1997,「新羅 五臺山信仰의 구조」『人文科學研究』3, 동덕여대.

申賢淑, 1988,「淨土敎와 圓光世俗五戒의 考察」『韓國史研究』61·62.

辛鍾遠, 1982,「三國遺事 ＜郁面婢念佛西昇＞條에 대한 一考察」『史叢』26.

辛鍾遠, 1982,「高城郡地域 鄕土文化 調査報告－歷史部門」『江原文化研究』2.

辛鍾遠, 1987,「新羅五臺山事蹟과 聖德王의 卽位背景」『崔永禧先生華甲紀念 韓國史學論叢』.

辛鍾遠, 1991,「圓光과 眞平王代의 占察法會」『新羅思想의 再照明』, 書景文化社/ 1992,『新羅初期佛敎史研究』, 民族社.

신형식, 1990,「신라 중대 전제왕권의 전개과정」『汕耘史學』 4.

신호철, 1982,「궁예의 정치적 성격-특히 불교와의 관계를 중심으로」『한국학보』 29.

안지원, 1997,「신라 眞平王代 帝釋信仰과 왕권」『歷史敎育』 63.

呂聖九, 1992,「惠通의 生涯와 思想」『擇窩許善道先生停年紀念 韓國史學論叢』, 一潮閣.

呂聖九, 2006,「신라인의 출가와 도승」『震檀學報』 101.

吳良美, 1999,「韓日地藏信仰의 類型 比較研究」『實學思想研究』 13.

吳亨根, 1977,「新羅唯識思想의 특성과 그 歷史的 展開」『韓國哲學研究』 上/ 1989,『古代韓國佛敎敎學研究』, 民族社 재수록.

옥나영, 2007,「『관정경』과 7세기 신라 밀교」『역사와 현실』 63.

劉根子, 1994,「統一新羅 藥師佛像의 研究」『美術史學研究』 203.

尹善泰, 1993,「新羅 骨品制의 構造와 基盤」『한국사론』 30, 서울대 국사학과.

尹善泰, 2005,「新羅 中代末~下代初의 地方社會와 佛敎信仰結社」『新羅文化』 26.

尹汝聖, 1989,「新羅 眞表의 佛敎信仰과 金山寺」『全北史學』 11·12.

이경화, 2009「법상종에서 미륵정토와 아미타정토의 융합」『한국고대사연구』 56.

李基東, 1997,「羅末麗初 南中國 여러 나라와의 交涉」『歷史學報』 155.

李基東, 1972,「新羅 奈勿王系의 血緣意識」『歷史學報』 53·54/ 1984,『新羅 骨品制社會와 花郞徒』, 一潮閣.

李基白, 1968,「圓光과 그의 思想」『창작과 비평』 10/ 1986,『新羅思想史研究』, 일조각.

李基白, 1975,「新羅 初期佛敎와 貴族勢力」『震檀學報』 40.

李基白, 1986,「眞表의 彌勒信仰」『新羅思想史研究』, 一潮閣.

李箕永, 1987,「統一 新羅時代의 佛敎思想」『韓國哲學史』 上.

李文基, 1983,「新羅 中古의 國王 近侍集團」『歷史敎育論集』 5.

이상현, 1983,「隋, 信行의 사상에 관한 연구」, 동국대학교 석사학위논문.

李淑姬, 2002,「統一新羅時代 五方佛의 圖像 研究」『美術史研究』 16.

李晶淑, 1986, 「新羅 眞平王代의 政治的 性格－所謂 專制王權의 成立과 關聯하여 －」『韓國史研究』 52.

李晶淑, 1993, 「新羅 眞平王代의 對中交涉」『釜山女大史學』 10·11.

李晶淑, 1999, 「眞平王代 王權强化와 帝釋信仰」『新羅文化』 16.

이종욱, 1980, 「신라중고시대의 성골」『진단학보』 50.

이종학, 1990, 「圓光法師와 世俗五戒에 대한 일고찰」『新羅文化』 7.

李平來, 1987, 「如來藏說과 元曉」『원효연구논총』, 국토통일원.

李平來, 1992, 「如來藏思想 形成의 歷史的 考察」『佛敎學報』 29.

李平來, 1995, 「三階敎 運動의 현대적 조명」『韓國佛敎學』 20.

張愛順, 1996, 「中國撰述의 僞經研究」『佛敎學報』 33.

전덕재, 1990, 「4~6세기 농업생산력의 발달과 사회변동」『역사와 현실』 4.

전덕재, 2004, 「新羅의 對外認識과 天下觀」『역사문화연구』 20.

전동혁, 1993, 「密敎의 受容과 그것의 韓國的 展開(1)」『논문집』 2, 중앙승가대학.

田美姬, 1993, 「新羅 眞平王代 家臣集團의 官僚化와 그 限界－《三國史記》 48, 實兮·劍君傳에 보이는 舍人에 대한 檢討를 中心으로」『國史館論叢』 48.

田美姬, 1998, 「新羅의 聖骨과 眞骨－그 실체와 王統의 骨전환의 의미」『韓國史研究』 102.

鄭求福, 1987, 「三國遺事에 대한 史學史的 考察」『三國遺事의 綜合的 檢討』, 한국정신문화연구원.

정미숙, 2000, 「眞表의 彌勒信仰과 理想社會論」『지역과 역사』 7.

정미숙, 2002, 「新羅 中代初 唯識學 승려의 佛性論」『역사와 경계』 42.

鄭炳三, 1982, 「統一新羅 觀音信仰」『韓國史論』 8, 서울대 국사학과.

鄭炳三, 1996, 「9세기 신라 佛敎 結社」『韓國學報』 85.

鄭炳三, 2004, 「7세기 후반 신라불교의 사상적 경향」『불교학연구』 9.

鄭炳三, 2005, 「慧超의 활동과 8세기 신라밀교」『韓國古代史研究』 37.

鄭炳三, 2005, 「8세기 신라의 불교사상과 문화」『新羅文化』 25.

鄭柄朝, 1981, 「圓光의 菩薩戒思想」『韓國古代文化와 隣接文化와의 關係』, 韓國精神文化研究.

鄭柄朝, 1982, 「新羅時代 地藏信行의 研究」『佛敎學報』 19.

조수동, 2008, 「地藏信仰에 나타난 定業소멸 사상」『철학논총』 52.

曹永祿, 1999, 「九華山 地藏信仰과 吳越首都 杭州－10세기 江折海地域의 韓中

佛敎交流의 실상」『東國史學』 33.

趙龍憲, 1994,「眞表律師 彌勒思想의 특징」『韓國思想史學 6－彌勒思想의 本質
　　　과 展開』, 서문문화사.

趙龍憲, 2000,「한국 지장신앙의 특징」『열린정신 인문학연구』 1, 원광대.

曺元榮, 1999,「新羅 中古期 佛敎의 密敎的 性格과 ≪藥師經≫」『釜大史學』 23.

趙仁成, 1996,「彌勒信仰과 新羅社會－眞表의 彌勒信仰과 新羅末 農民蜂起와의
　　　관련성을 중심으로」『震檀學報』 82.

주보돈, 1979,「신라 중고기의 지방통치조직에 관하여」『한국사연구』 23.

鄭永鎬, 1973,「圓光法師와 三岐山 金谷寺」『史叢』 17·18.

秦星圭, 1984,「高麗後期 修禪社의 結社運動」『韓國學報』 36.

蔡尙植, 1984,「新羅統一期의 聖典寺院의 構造와 機能」『부산사학』 8.

蔡尙植, 1993,「한국 중세불교의 이해방향」『고고역사학지』 9.

蔡印幻, 1983,「神昉과 新羅 地藏禮懺敎法」『韓國佛敎學』 8.

蔡印幻, 1986,「新羅 眞表律師 硏究(Ⅰ)」『佛敎學報』 23.

蔡印幻, 1987,「新羅 眞表律師 硏究(Ⅱ)」『佛敎學報』 24.

蔡印幻, 1988,「新羅 眞表律師 硏究(Ⅲ)」『佛敎學報』 25.

蔡印幻, 1991,「지장보살의 사상과 원력」『현대사회에 있어서 지장신앙의 재조
　　　명』, 운주사.

崔鉛植, 1995,「圓光의 生涯와 思想－『三國遺事』「圓光傳」의 분석을 중심으로」
　　　『泰東古典硏究』 12.

崔鉛植, 2005,「8세기 신라 불교의 동향과 동아시아 불교계」『불교학연구』 12.

하일식, 1996,「신라 정치체제의 운영원리」『역사와 현실』 20.

하일식, 1997,「해인사전권(田券)과 묘길상탑기(妙吉祥塔記)」『역사와 현실』
　　　24, 역사비평사.

한보광, 1991,「한국불교에 있어서 지장의례의 역할」『현대사회에 있어서 지장
　　　신앙의 재조명』, 운주사.

한보광, 1993,「信仰結社의 類型과 그 役割」『佛敎學報』 30.

한보광, 1994,「新羅·高麗代의 萬日念佛結社」『佛敎學報』 31.

한보광, 1996,「乾鳳寺의 萬日念佛結社」『佛敎學報』 33.

洪法空, 2002,「三階敎와 地藏信仰」『정토학연구』 5.

홍윤식, 1997「신라시대 진표의 지장신앙과 그 전개」『불교학보』 34.

2) 국외

結城令聞, 1961,「初唐佛教の思想史的矛盾と國家權力との交替」『東洋文化研究所紀要』 25.

鎌田茂雄, 1987,「七世紀東アジア世界における元曉の位置」『원효연구논총』, 국토통일원.

高崎直道, 1990,「『大乘起信論』の素材」『如來藏と大乘起信論』, 東京：春秋社.

吉田靖雄, 1981,「行基における三階敎および元曉との關係の考察」『歴史研究』 19.

木村淸孝, 1985,「大乘六情懺悔の基礎的研究」『韓國佛敎學』 1.

木村宣彰, 1987,「元曉大師と涅槃思想」『元曉研究論叢』.

武田幸男, 1975,「新羅骨品制の再檢討」『東洋文化研究所紀要』 67.

西本照眞, 1991,「中國淨土敎と三階敎における末法思想の位置」『白蓮佛敎論集』 1.

鹽入良道, 1966,「中國佛敎における佛名經の性格とその源流」『東洋文化研究所紀要』 42.

李成市, 1983,「新羅中代國家と佛敎」『東洋史研究』 42-3/ 1998,『古代東アジア民族と國家』, 岩波書店.

田島德音, 1932,「占察善惡業報經解題」『國譯一切經』 經集部 15.

池內宏, 1941,「新羅の骨品制と王統」『東洋學報』 28-3/ 1960,『滿鮮史研究』上世篇에 재수록.

橫超慧日, 1940,「元曉の二障義について」『東方學報』 11/ 1987,『원효연구논총』, 국토통일원 재수록.

楊聯陞, 1961,「道敎之自摶與佛敎之自撲」『塚本博士頌壽記念佛敎史學論集』.

찾아보기